침샘폭발
유튜브 요리

침샘폭발 유튜브 요리

1판 1쇄 발행 2019년 11월 25일

지은이 이밥차 요리연구소
펴낸이 김선숙, 이돈희
펴낸곳 그리고책(주식회사 이밥차)

주소 서울시 서대문구 연희로 192(연희동 76-22, 이밥차 빌딩)
대표전화 02-717-5486~7
팩스 02-717-5427
홈페이지 www.andbooks.co.kr
출판등록 2003.4.4. 제10-2621호

본부장 이정순
편집 책임 박은식
편집 진행 홍상현, 권새미
요리 진행 이밥차 요리연구소
영업 이교준
마케팅 장지선
경영지원 문석현
디자인 공간42 이용석

ⓒ2019 그리고책
ISBN 979-11-967720-2-4 13590

- All rights reserved. First edition printed 2019. Printed in Korea.
- 이 책을 무단 복사, 복제, 전재하는 것은 저작권법에 저촉됩니다.
- 값은 뒤표지에 있습니다. 잘못 만들어진 책은 바꾸어 드립니다.
- 책 내용 중 궁금한 사항이 있으시면 그리고책(Tel 02-717-5486, 이메일 tiz@andbooks.co.kr)으로 문의해 주십시오.

Prologue

분명 책에 나온 대로 요리 했는데, 왜 그 맛이 안 나는지 그동안 의아하셨나요? 흔히 농담처럼 연애를 글로 배웠다고들 하죠. 연애만이 아니라 요리도 직접 보고해 봐야 하는데 말이죠. 이젠 걱정하지 마세요. 책으로 한 번 훑고, 영상으로 또 한 번 자세히 알려드릴게요. 지켜보기만 해도 요리실력이 쑥쑥 늘어나는 이밥차 요리연구소의 특별하고 맛있는 레시피를 여러분께 소개합니다.

〈침샘폭발 유튜브 요리〉는 요알못, 곰손 등 누구든지 요리를 배워보고픈 분들께 권해 드리는 책입니다. 글보다는 영상에 익숙한 젊은 세대부터, 여전히 영상보다는 요리책이 익숙한 분들도 스마트폰으로 QR코드만 찍어보면 쉽게 영상을 볼 수 있도록 구성했어요. 빠르게 변하는 세상처럼 요리책도 시대의 변화에 발맞춰 변하고 있습니다. 맛있는 요리 만큼 맛있는 영상을 가득 준비했으니 이밥차 요리연구소의 유튜브 채널에서 꼭 확인해보세요.

그럼 책을 펼치기에 앞서 간단히 살펴볼까요. 우선 간단산적, 고깃집 된장찌개 등 이름만 들어도 설레는 레시피로 가득한 1장에서는 꼭 먹어봐야 할 유튜브 조회 수 최다 레시피만을 모았어요. 그뿐인가요. 요즘 혼밥족, 1인 가구가 늘어나는 상황에서 거창하고 복잡한 요리는 누구나 귀찮아하죠. 짧게는 2분에서 길어야 퇴근 후 10분이면 완성 가능한 초간단 요리를 2부에서 만나보세요. 너무 쉬운 요리만 있을 거란 생각은 오산. 크림카레우동부터 분보싸오, 과카몰리와 피코데가요까지 트렌디하고 맛있는 요리들도 보는 즉시 따라 해보세요.

이렇게 맛있는 요리들만 계속 먹으면 살찔까 봐 걱정이시라고요? 맛도 건강도 챙길 수 있도록 이밥차 요리연구소가 다 준비했죠. 맛있으면 0kcal인 취향 저격 디저트를 3부에서 만나보세요. 자바칩커피프라페부터 초코파운드케이크, 파베초콜릿까지……. 기억해두세요. 너무 맛있으면 살도 안 찐답니다. 맛있는 메뉴가 왜 이렇게 많냐고요? 자 아직 안 끝났으니 조금만 더 힘내세요. 긴 줄서기는 귀찮고 예약 잡기는 더 어려운 방송에 나온 인기 맛집들, 이제 힘들여 찾아갈 필요 없어요. 맛집표절! 4부에선 매운양념치킨, 칼비빔, 온쫄면 등 맛집들의 특제 비법들을 살짝살짝 알려드릴게요.

앞으로 책을 보면서 기억하실 건 딱 한 가지입니다. 요리가 막히면 QR코드 찍는 습관 들이기! 그럼 〈침샘폭발 유튜브 요리〉와 함께 맛있는 여행을 떠나볼까요?

사용설명서

Ingredients
필수재료는 요리의 핵심 재료예요. 잊지 말고 준비해주세요. 선택 재료는 생략하거나 비슷한 재료로 바꿀 수 있어요. 입맛에 따라 준비해주세요.

QR코드
요리를 따라 하다가 막힐 때면 언제든지 스마트폰으로 QR코드를 확인해보세요. 동영상으로 자세하게 설명해드릴 뿐만 아니라 특별한 레시피도 소개해드릴게요.
* 책에 소개된 조리과정과 영상은 다를 수 있습니다.

말풍선
요리할 때 자주 하는 실수나 주의할 점을 꼼꼼하게 설명했어요.

Plus Recipe
재료에 따라 추가적인 정보 및 조리법 등을 소개했어요.

▶ Contents

Prologue · 6 | 사용설명서 · 7 | 요알못을 위한 양념 대백과 · 12 | 신선한 재료 고르는 법 · 14 | 알아두면 좋은 재료 손질법 · 15 | 이밥차 채널이 알려주는 유튜브 꿀팁! · 16 | 밥숟가락으로 계량하기 · 18 | 종이컵으로 분량 재기 · 19 | 눈대중으로 분량 재기 · 19 | 손으로 분량 재기 · 19

Part 1
이건 꼭 먹어야 해
JMT 레시피

간단산적 · 22

고깃집 된장찌개 · 24

신전치즈김밥 · 26

스양밥(스팸양파밥) · 28

옥수수치즈전 · 30

어묵라자냐 · 32

북어고추장장아찌 · 34

포켓샌드위치 · 36

연어볼초밥 · 37

쿠지라이식라면 · 38

양배추둥지밥 · 40

국물닭갈비 · 42

반미 · 44

바닐라컵케이크 · 46

채소컵케이크 · 48

브라우니컵케이크 · 50

통감자매콤닭조림 · 52

삼겹살튀김샐러드 · 54

케일쌈밥과 호두쌈장 · 56

가지올리브유절임 · 58

대패삼겹살볶음덮밥 · 60

절편로제떡볶이 · 62

봉골레수제비 · 64

치즈콘닭 · 66

소시지강정 · 68

토끼샌드위치 · 70

Part 2
보는 즉시 따라하는
초간단 요리

멘보샤·74

새우젓알리오올리오·76

크림카레우동·78

순대튀김·80

와사비비빔밥·82

저수분수육과 무생채·84

콘튀김·86

과카몰리와 피코데가요·88

쏘야볶음라면·90

고구마치즈스틱·92

분보싸오·94

우무콩국·96

두부김치그라탱·98

김치치즈프라이즈·100

파프리카잡채·102

간장닭불고기·104

감자맛탕·106

마른새우아몬드볶음·108

부대볶음·110

새우크림리소토·112

대패나리밥(대패삼겹살미나리덮밥)·114

햄카츠·116

머쉬룸갈릭·118

만두그라탱·120

프렌치어니언스프·122

간장연어장·124

무설탕떡볶이·126

아보버거·128

바나나깍두기·130

파인애플구이·132

Contents

콩불·134
봄나물눈꽃튀김·136
소보로비빔우동·138
라멘사라다·140
된장고추장시금치나물·142
간장국수·144
도넛김치전·146
라면리소토·148
닭다리간장조림·150
오징어굴소스볶음·152
콘맛살달걀구이·154

에그인뽀빠이·156
나폴리탄스파게티·158
삼계탕·160
명란크림우동·162
허니윙·164
매콤바지락파스타·166
오로시돈가스·168
백숙·170
참치오므라이스·172
삼빔면·174

Part 3
맛있으면 0kcal
취향저격 디저트

딸기청·178
리얼딸기우유·179
딸기스쿼시·179
리얼수박바·180
자바칩커피프라페·182

핫초코스틱(아몬드초코쿠키)·184
츄러스·186
티라미수아이스크림·188
초코아몬드쿠키·190
브라우니·192

바나나팬케이크·194
복숭아치즈케이크·196
빼빼로케이크·198
감자팬케이크·200
파베초콜릿·202

초코파운드케이크·204
못난이빵·208
피나콜라다빙수·210
미숫가루커피셰이크·212
마시멜로루돌프·214

Part 4
숨겨왔던 너의 비밀
맛집표절

매운양념치킨·218
칼비빔·220
치즈돈가스·222
교촌치킨·224

온쫄면·226
크림볶음밥·228
납작만두·230
삼겹살김밥·232

인덱스·234

요알못을 위한 양념 대백과

애매하게 알고 있던 양념 레시피와 쓰임새를 짚어드릴게요.

① 설탕은 강한 단맛으로 방부작용을 해 절임, 잼 등을 만들 때 사용하고, 고기 밑간할 때 넣으면 단백질의 결합을 끊어 연육 작용을 해요. 황설탕과 흑설탕은 백설탕을 재가열해 만든 것으로 조림류, 약밥, 호떡을 만들 때 사용하면 먹음직스러운 색을 내요.

② 꿀에는 은은한 단맛과 달콤한 향이 있어요. 가열하면 비타민이 파괴되고 향이 날아가니 조리시엔 불을 끄고 난 직후에 넣어요. 미네랄, 비타민 등의 영양소가 풍부하고 항균력과 면역력에 도움을 줘 차로 마셔도 좋아요.

③ 조청은 오래 끓여도 단맛이 날아가지 않아요. 색이 가장 짙고 특유의 구수한 맛이 있어 구운 떡을 찍어 먹거나 맛탕을 만들 때 베스트!

④ 물엿은 투명하고 특별한 향 없이 재료에 농도와 윤기를 더해요. 멸치볶음 등 반찬을 할 때 처음부터 넣으면 덩어리지니 마지막에 넣어 가볍게 섞은 뒤 바로 불을 꺼요. 바삭한 강정, 견과류바를 만들 땐 물엿이 좋아요.

⑤ 올리고당은 물엿보다 비싸지만 열량이 낮아요. 설탕보다 단맛이 덜하니 대신 사용할 땐 양을 2배로 늘려요. 물엿처럼 조리시 맨 마지막에 투입! 차가운 음료, 드레싱에도 좋아요.

설탕 대신 이만큼
설탕(1)=꿀(0.8)=조청(1)
=물엿(1.5~2.0)=올리고당(2)

---

① 간장은 염분과 수분이 섞여 있어 소금으로 간을 맞출 때보다 많이 넣어야 해요. 간장으로만 간하면 색이 탁해지고 특유의 짠내가 날 수 있어요.

② 국간장은 콩으로 메주를 쑤어 소금물에 30~60일 정도 담가 두었다가 그 국물을 떠내 달여서 만들어요. 조선간장 또는 진간장 보다 맑아 청장이라고도 해요. 진간장보다는 훨씬 짜지만 색은 맑고 달지 않아 국물요리나 나물을 무칠 때 씁니다.

③ 진간장은 색이 진하고 국간장보다 오랜 시간 숙성해 달착지근하고 감칠맛이 좋죠. 열을 가해도 맛이 변하지 않아 장조림, 볶음요리에 잘 어울려요. 진간장에는 산 분해간장, 양조간장, 산 분해간장과 양조간장을 섞은 혼합간장이 있어요. 진간장을 구입할 땐 뒷면의 성분 분석표를 확인해 100% 양조간장을 고르세요. 첨가물이 들어간 산 분해간장보다 가격은 비싸도 몸에 좋거든요.

짠맛 서열 정리
소금 → 국간장 = 조선간장 → 진간장

국을 끓일 땐 국간장으로 깊은 맛을 내고 부족한 간은 소금으로 맞추세요. 국간장이 없을 땐 소금으로 간하고 진간장으로는 색만 내요.

청주, 소주, 맛술

> 셋 다 잡내를 잡고 고기를 부드럽게 하지만 맛은 달라요.

청주는 탁주를 촘촘한 체에 걸러 만든 맑은 술을 말해요.
보통 한식에서는 도수가 13% 정도로 소주보다 약하고
향이 순한 술을 말하며 고기, 생선 등의 잡내를 잡을 때 써요.
청주 대신 소주를 사용하면 도수가 높아서 적은 양을 사용해도 돼요.

> 맛술은 요리용 술이에요. 도수가 낮아 알코올의 향이 적고 단맛과 감칠맛이 나요.

고추장 + 고춧가루

> 고추장과 고춧가루를 적절히 섞어서 사용하세요!

① 고추장은 고춧가루와 메줏가루, 엿기름 등을 저온에서 숙성시킨 발효식품이에요. 매운맛에 단맛, 발효된 감칠맛까지 담겨 있어요. 고기나 해산물볶음 요리에 넣으면 매콤하면서 촉촉하게 양념이 잘 어우러져요.

② 고춧가루는 칼칼하고 강렬한 매운맛이에요. 굵은 것과 고운 것을 준비해 요리에 맞게 사용해요. 김치나 국물요리 등 한식에는 보통 굵은 고춧가루를 사용하고 무침 등에 고르게 색을 내고 싶을 땐 고운 고춧가루를 사용해요.

참치액 vs 멸치액젓 vs 까나리액젓

> 멸치액젓이 까나리액젓보다 훨씬 저렴해요!

① 참치액은 훈연한 참치를 추출해 다시마, 무, 감초 등을 넣어 만들어 구수한 가쓰오부시 맛이 나요. 우동, 수제비, 장국 등의 맑은 국물 요리에 써요.

② 멸치액젓, 까나리액젓은 생선을 발효하고 숙성시킨 뒤 달여서 만들어요. 각종 김치나 동태찌개 등에 깊은 맛을 낼 때나 동남아요리에 피시소스 대신 사용해요.

▶ 멸치액젓 = 구수하고 깊은 맛↑ 단맛↓ ■ 김장김치, 게장, 장아찌, 찌개
▶ 까나리액젓 = 비린내↓ 단맛↑ ■ 겉절이, 무침, 국, 찜

전분 = 녹말가루

① 해물찜, 마파두부 등 요리에 걸쭉한 소스를 만들 땐 감자나 고구마전분을 구입하면 돼요. 적은 양으로도 걸쭉한 농도가 나고 끓여도 투명하기 때문에 농도를 맞추기 좋아요. 바삭하면서도 쫀득한 튀김을 만들 때나 고기를 볶기 전에 입히면 육즙이 빠지지 않고 양념이 잘 흡착돼요.

② 강정처럼 바삭한 튀김이나 베이킹에는 옥수수전분을 써요. 옥수수전분은 점성이 덜하니 소스의 농도를 맞출 땐 감자전분 분량의 두 배를 사용해요.

> 녹말물로 걸쭉한 농도를 낼 때는 차가운 물에 전분을 1:1 비율로 풀어서 써요. 끓는 국물에 바로 넣으면 덩어리로 뭉쳐버려요.

신선한 재료 고르는 법

요리의 맛은 신선한 재료를 고르는 것부터 시작해요. 아무리 좋은 레시피라도 재료가 시들시들하면 맛 내기는 쉽지 않죠. 진열대 앞에서 매번 갸우뚱하던 분들을 위해 신선한 재료 고르는 법을 알려드릴게요.

양상추
밝은 연둣빛이 돌고, 들었을 때 묵직한 느낌이 나면 속이 꽉 찬 거예요. 겉잎이 붙어 있는 양상추를 구매하면 수분이 오래 유지돼 더욱 신선하게 보관할 수 있어요. 밑동이 진한 갈색으로 변했으면 오래된 것이므로 피해 주세요.

오이
굵기가 고르고, 쭉 뻗은 오이를 고르세요. 꼭지가 마른 것은 피하세요. 백오이는 표면이 누렇거나 물러진 것은 피하고, 청오이는 색이 선명하고 광택이 나는 것으로 구입하세요.

당근
세척한 당근은 금방 물러지지만 흙이 묻어 있는 것은 좀 더 오래간답니다. 마른 부분이 없고 딱딱한 것으로 골라요.

고구마
고구마 역시 세척된 것보다 흙이 묻은 것으로 고르세요. 표면에 흠집이 없고 매끈하며 단단한게 좋아요.

감자
제철 감자는 겉이 마르지 않고 흙이 묻어 있는 게 좋아요. 또한 손으로 문질렀을 때 껍질이 없어질 정도로 얇으면 합격! 모양이 울퉁불퉁하지 않고 윤기가 나며 단단해야 해요.

아보카도
잘 익은 아보카도는 짙은 녹색이에요. 아보카도 색이 밝고 딱딱하다면 덜 익었기에 떫은 맛이 나요. 실온에서 숙성시킨 후 사용하세요

토마토
꼭지가 마르거나 오그라들지 않고 녹색을 띠는게 좋아요. 손으로 가볍게 눌렀을 때 탱글탱글한 게 과즙이 많답니다. 군데군데 연둣빛이 돌 경우에는 실온에서 숙성시킨 후 드세요.

사과
껍질이 선명하게 붉고, 흰색 반점이 많을수록 당도가 높아요. 손가락으로 튕겨 보았을 때 묵직한 소리가 아닌 맑은 소리가 나야 아삭한 맛이 있답니다. 꼭지가 붙어 있는 사과가 과즙이 풍부해요.

\# 알아두면 좋은 재료 손질법

비슷한 듯하면서도 재료별로 다른 손질법, 이번 기회에 확실하게 알아볼까요?
요리의 기본은 재료 손질! 잘 다듬으면 요리 맛도 살아나죠. 까다로운 재료들만 모아봤어요.
비슷한 듯하면서도 재료별로 다른 손질법, 이번 기회에 확실하게 알아볼까요?

우엉
도마 위에 올려 살살 돌려가며 감자칼로 껍질을 얇게 벗겨요. 먹기 좋게 썰어 식촛물(물3컵+식초2)에 담가 갈변되지 않도록 준비하세요.

토마토
토마토 꼭지를 제거하고 반대편에 십자로 칼집을 넣어 뜨거운 물에 10초간 데치면 껍질이 일어나요. 찬물에 담근 뒤 홍시 껍질 벗기듯 손끝으로 살살 벗기세요.

단호박
단면을 평평하게 잘라 도마 위에 얹고, 한 손으로 고정해 칼로 조금씩 저미듯이 껍질을 벗기세요.
Tip 전자레인지에 2~3분 정도 살짝 돌리면 부드러워져 칼질이 쉬워요.

셀러리
잎과 밑동을 잘라내고, 밑 부분에 가볍게 칼집을 넣어 섬유질을 잡아당겨 벗겨요.
Tip 영양소가 풍부한 잎을 육수나 주스에 넣으면 짭조름한 맛과 향이 더해져요.

생강
비닐에 넣어 4시간 동안 냉동하고, 양파망에 넣어 양손으로 세게 비벼서 벗겨요.

아스파라거스
질긴 밑동 부분을 손톱만큼 잘라내고, 중간부터 밑동까지 감자칼로 얇게 껍질을 벗겨요.

 **껍질 벗기기 애매한 재료들은 어떻게 하죠?**

당근 껍질 벗기기
당근 껍질에는 각종 영양소가 풍부하지만 흙이 많아 꺼려지죠. 묵은 당근은 흙이 남지 않도록 칼로 긁어서 매끈하도록 껍질을 벗기세요. 햇당근은 손으로 비벼 물에 씻기만 해도 돼요.

껍질이 없는 버섯
버섯은 깨끗한 환경에서 자라기에 물에 씻거나 껍질을 벗겨낼 필요가 없어요. 더러운 부분은 젖은 키친타월로 가볍게 닦아내면 된답니다.

이밥차 채널이 알려주는 유튜브 꿀팁!

누구든 쉽게 시작할 수 있는 유튜브. 요즘 주변에 유튜브를 시작하는 분들이 많이 늘었죠. 나도 해볼까 싶은데 소재는 무엇으로 할지, 영상 촬영과 편집은 자신 없는데 하며 고민하는 분들도 계실 거예요. 유튜브 인기 채널인 이밥차가 간단히 소개해드릴게요.

● **같은 소재라도 어떻게 보여주느냐에 따라 달라요**

요리 채널을 만들기로 한 당신. 막상 유튜브에 올리려 다른 요리 채널들은 어떻게 운영하고 있는지 살펴보니. 내 영상이 검색이나 될지 의문이 든다면 다음의 사항을 확인해 보세요. 같은 요리 동영상이라도 소재별로 레시피 영상을 정리하거나, 재료 손질법을 설명하는 시리즈를 만들어보세요. 유튜브에는 이미 수많은 소재의 영상들이 많지만, 책처럼 일목요연하게 잘 정리된 시리즈를 찾는 건 보석과도 같은 일이죠. 간단하고 명확한 제목으로 정리된 플레이리스트는 여러분의 채널에 전문성과 신뢰성을 가져올 거예요.

● **인기 유튜브 채널을 분석하고 트렌드를 읽으세요.**

지피지기면 백전백승! 인기 유튜버들은 어떤 식으로 채널을 운영하고 구독자들은 어떤 경로를 통해서 조회하는지 궁금하시죠. 초보자도 손쉽게 이러한 과정을 살펴볼 수 있는 무료 툴들이 이미 많이 나와 있어요. 해당 웹페이지에서 유튜브 채널의 인기 순위, 조회수, 구독자들의 국적, 검색경로, 키워드 등을 한 눈에 살펴보고 여러분의 채널에 어떻게 활용하면 좋을지 고려해보세요.

유튜브 채널 분석, 트렌드 분석 툴

▶ Noxinfluencer
www.noxinfluencer.com

▶ Socialblade
www.socialblade.com

● **채널만의 고유한 특성을 찾으세요**

인기 유튜버들을 보면 인사법이나 오프닝만 봐도 다르죠. 마치 디즈니 영화를 볼 때면 나오는 로고나 음악처럼 여러분 채널만의 고유한 특성을 찾아보세요. 재미있는 인사말을 만들거나 눈길을 확 끄는 로고 또는 오프닝 장면을 보여주는 것도 좋아요. 꾸준히 업로드 하다 보면 사람들이 영상의 일부분만 봐도 여러분의 채널이라는 것을 알게 될 거예요.

● 촬영할 때 다양한 구도를 활용해 단조롭지 않게 구성해보세요

초보 유튜버들은 장비가 부족한 게 늘 아쉽죠. 그렇지만 요즘은 카메라에 대한 접근성이 많이 낮아졌기 때문에 여러 카메라로 다양한 구도를 구성해볼 수 있어요. 같은 영상이더라도 다양한 구도에서 촬영하고 여러 장면을 구성하면 자칫 단조로워질 수 있는 영상에 활기를 불어넣을 수 있어요. 중간중간 재미있는 효과음이나 자막을 다는 것도 구독자들과의 거리감을 좁힐 수 있는 요소예요.

● 전문적인 장비가 있어야만 유튜버 되는 건 NO!

유튜브를 시작하시는 많은 분이 전문적인 영상 장비를 갖추고 편집 프로그램도 능숙하게 다룰 줄 알아야만 할 수 있다고 주저하시죠. 걱정 마세요. 인기 유튜버들도 한때는 스마트폰으로만 촬영한 경우가 많죠. 전문적인 장비에 비해서 영상미는 조금 떨어질지 몰라도 구독자들이 원하는 건 진심. 그 한 가지로 언제나 같답니다. 영상 편집도 걱정하지 마세요. 스마트폰만 있으면 손쉽게 영상 편집을 할 수 있어요. 다음의 앱(App)을 활용해보세요. 앱 활용법을 몰라서 못쓴다고요? 유튜브에서 해당 앱을 검색하면 영상 편집 앱 활용법도 쉽게 잘 설명돼 있어요. 바로 활용해보세요.

> **스마트폰에서도 간단히 영상 편집할 수 있어요!**
>
> ▶ 비모소프트 VLLO
> ▶ 키네마스터
> ▶ 루마퓨전

● 유튜브만 파지 말고 다른 SNS로 적극 홍보하세요

채널 활성화를 위한 기본적인 팁을 알려드릴게요. 여러분의 영상에 달린 댓글은 모두 소중하답니다. 댓글 하나하나씩 정성 어린 답변을 꾸준히 달아주면 구독자와의 유대감이 높아져요. 단골손님을 만드는 일과 비슷하죠. 가장 중요한 건 정기적인 업로드 일정을 정해서 영상을 꾸준히 올리고, 댓글에 답변해주는 시간, 라이브 방송을 하는 일정 등을 정해서 안정적으로 운영해보세요. 유튜브뿐만 아니라 업로드 한 영상을 다른 SNS에서도 홍보해보세요. 각 플랫폼에 맞게 적절히 편집해서 유튜브 링크를 걸면 새로운 구독자를 끌어올 수 있을 거예요.

밥숟가락으로 계량하기

🥄 가루 분량 재기

설탕(1)

숟가락으로 수북이 떠서 위로 볼록하게 올라오도록 담아요.

설탕(0.5)

숟가락의 절반 정도만 볼록하게 담아요.

설탕(0.3)

숟가락의 ⅓정도만 볼록하게 담아요.

🥄 다진 재료 분량 재기

다진 마늘(1)

숟가락으로 수북이 떠서 꾹꾹 담아요.

다진 마늘(0.5)

숟가락의 절반 정도만 꾹꾹 담아요.

다진 마늘(0.3)

숟가락의 ⅓정도만 꾹꾹 담아요.

🥄 장류 분량 재기

고추장(1)

숟가락으로 가득 떠서 위로 볼록하게 올라오도록 담아요.

고추장(0.5)

숟가락의 절반 정도만 볼록하게 담아요.

고추장(0.3)

숟가락의 ⅓정도만 볼록하게 담아요.

🥄 액체 양념 분량 재기

간장(1)

숟가락 한가득 찰랑거리게 담아요.

간장(0.5)
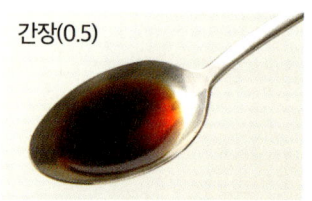
숟가락의 가장자리가 보이도록 절반 정도만 담아요.

간장(0.3)

숟가락의 ⅓정도만 담아요.

종이컵으로 분량 재기

육수(1컵=180㎖)
종이컵에 가득 담아요.

육수(½컵=90㎖)
종이컵의 절반만 담아요.

밀가루(1컵=100g)
종이컵에 가득 담아 윗면을 깎아요.

다진 양파(1컵=110g)
종이컵에 가득 담아 윗면을 깎아요.

아몬드(½컵)
종이컵의 절반만 담아요.

멸치(1컵)
종이컵에 가득 담아요.

눈대중으로 분량 재기

애호박(½개=100g)

양파(¼개=50g)

무(1토막=150g)

당근(⅓개=100g)

대파 흰 부분(1대=10cm)

마늘(1쪽=5g)

생강(1톨=7g)

돼지고기(1토막=200g)

손으로 분량 재기

콩나물(1줌)
손으로 자연스럽게 한가득 쥐어요.

시금치(1줌)
손으로 자연스럽게 한가득 쥐어요.

국수(1줌=1인분)
500원 동전 굵기로 가볍게 쥐어요.

Youtube

PART 1
이건 꼭 먹어야 해
JMT레시피

▶ #귀찮은 산적을 초스피드로

간단산적

- 번거로운 산적도 부침개 하듯 쉽게 만들 수 있어요.
- 긴 재료를 나란히 올리고 사이사이를 달걀물로 채워 재료를 밀착해요.
- 뒤집기 한 판에 무지개처럼 예쁜 산적이 세 개!
- 이 정도면 혼자서도 전 부칠 만하네요.

▶ Ingredients

필수 재료
새송이버섯(1개), 쪽파(8대), 맛살(4줄), 햄($\frac{1}{2}$개=100g), 달걀(2개), 밀가루($\frac{1}{2}$컵)

양념
소금(약간)

12개 분량

Recipe ◀

1 새송이버섯, 쪽파, 맛살, 햄을 같은 길이와 폭으로 썰고, 달걀은 소금(약간)을 넣어 곱게 풀고,

세로로 반 가른 맛살을 기준으로 길이와 폭을 맞췄어요.

2 손질한 재료에 밀가루를 고루 묻히고,

재료 사이사이를 달걀물로 채워야 잘 붙어요.

3 중간 불로 달군 팬에 식용유(1)를 두르고 맛살 → 쪽파 → 햄 → 새송이버섯 → 쪽파 → 맛살 순으로 달걀물을 묻혀 팬 위에 붙여 올리고,

꼬치를 꽂아도 좋아요.

4 밑면이 노릇하게 익으면 뒤집어 2분간 더 익히고 3등분해 마무리.

#집에서도 그 맛 그대로

고깃집 된장찌개

👍 👎 ↗ ⬇ ☰+

🔴 고깃집 된장찌개도 각양각색이지만 공통적으로 입에 착 감기는 무언가가 있지요?
🔵 달큰하면서도 고소한 국물 맛의 비결은 바로 쌈장!
🟤 바지락 넣고 채소도 듬뿍 썰어 넣었답니다.

▶ Ingredients

2인분

필수 재료
새송이버섯(1개), 양파(½개), 애호박(½개), 청양고추(1개), 해감된 바지락(1컵)

선택 재료
홍고추(1개)

양념
쌈장(2), 된장(1)

▶자세한 요리과정은 영상에서 확인하세요

Recipe ◀

1 버섯, 양파, 애호박은 한입 크기로 깍둑 썰고, 고추는 송송 썰고,

 바지락은 오래 끓이면 살이 쪼그라들고 질겨져요. 육수만 낼 거라면 계속 넣고 끓여도 돼요.

2 냄비에 물(3컵)과 바지락을 넣어 중간 불에서 끓이고,

3 바지락의 입이 벌어지면 바지락은 건져두고, 육수에 **양념**을 풀고,

4 버섯, 양파, 애호박을 넣어 5분간 끓이고,

청양고추는 마지막에 넣어 잠깐 끓여야 더 얼큰해요.

5 채소가 투명하게 익으면 바지락을 다시 넣고 고추를 얹어 1분간 더 끓여 마무리.

▶ Point!
- 진한 육수보다는 깔끔하고 시원한 조개육수에 잘 어울려요.
- 쌈장을 넣어 후루룩 끓여내는 게 포인트!
- 오래 끓이면 국물이 탑탑해지니까 금방 익는 재료들로 넣으세요.

 #하태핫태

신전치즈김밥

- 신전치즈김밥 한번 먹으면 그 매콤한 맛을 잊지 못하죠.
- 떡볶이 국물만 준비하세요. 밋밋했던 김밥이 숨을 쉬듯 살아나요.
- 참치와 모차렐라치즈의 궁합에 저녁밥 생각이 달아날 거예요.
- 이 맛 한번 알고 나면 앞으로 평범한 김밥을 못 먹는다는 단점이 있죠.

▶ Ingredients

2인분

필수 재료
김치(1⅔컵), 통조림 참치(1캔=100g), 밥(1½공기), 떡볶이국물(⅔컵), 김밥김(2장), 슈레드 모차렐라치즈(1컵)

양념
참기름(0.5), 참깨(약간)

▶자세한 요리과정은 영상에서 확인하세요

Recipe ◀

1 김치는 다지고, 참치는 체에 밭쳐 기름기를 빼고,

2 중간 불로 달군 팬에 식용유(1)를 둘러 김치를 2분간 볶고,

뜨거운 상태로 김 위에 올리면 김이 눅눅해져요.

3 볼에 밥과 볶은 김치, 떡볶이국물(⅔컵), 참치, **양념**을 넣고 가볍게 섞어 한 김 식히고,

4 김의 ⅔ 면적에 양념한 밥을 도톰하게 깐 뒤 치즈를 뿌려 돌돌 말고,

5 전자레인지에 치즈가 녹을 때까지 1분 30초~2분간 돌린 뒤 먹기 좋게 썰어 마무리.

▶ #반찬이 필요없다네

스양밥 (스팸양파밥)

👍 👎 ↗ ⬇ ≡+

🔴 신나는 운동회 날만큼은 아이들이 좋아하는 햄 잔뜩 썰어 넣은 햄구이 토핑을 선택하세요.

🔵 짭조름한 햄에 부드러운 달걀프라이를 얹으면 어른들도 좋아하는 추억의 도시락 맛을 느낄 수 있어요.

🟤 더 건강하게 먹고 싶다면 양배추를 채 썰어 곁들여도 좋아요.

▶ **Ingredients**

2인분

필수 재료
양파(1개), 통조림 햄(1캔=200g), 밥(2공기)

선택 재료
쪽파(2대), 달걀(2개), 참깨(0.3)

양념장
설탕(0.3)+간장(1)+맛술(1)+참기름(0.3)

▶자세한 요리과정은
영상에서 확인하세요

Recipe ◀

1 양파는 반으로 갈라 채 썰고, 쪽파는 송송 썰고,

2 통조림 햄은 한입 크기로 깍둑 썰고,

3 양념장을 만들고,

4 팬에 식용유(0.3)를 둘러 햄을 돌려가며 노릇하게 구워 한쪽으로 몰고, 식용유(1)를 한 번 더 둘러 달걀프라이를 만든 뒤 모두 꺼내고,

5 양파를 넣어 중약 불로 4분간 볶다가 투명해지면 **양념장**을 넣어 간이 배도록 2분간 더 볶고,

6 밥 위에 양파볶음→햄→달걀프라이 순으로 올린 뒤 쪽파와 참깨(0.3)를 뿌려 마무리.

#진리의 단짠단짠

옥수수치즈전

👍 👎 ↗ ⬇ ☰+

- 밖에 나가긴 귀찮고, 편의점 다녀올 시간에 만드는 초간단 안주예요.
- 통조림 옥수수와 치즈, 부침가루만 있으면 재료 준비 끝~ 얇게 부칠수록 더 고소하고 바삭해요.
- 마지막에 연유를 살살 뿌리면 단짠의 조화까지 퍼펙트! 식으면 맛 없으니 따뜻할 때 드세요.

▶ Ingredients

2인분

필수 재료
통조림 옥수수(1캔=195g), 부침가루($\frac{3}{4}$컵), 슈레드 모차렐라치즈($\frac{1}{3}$컵)

슬라이스 체다치즈를
잘게 찢어 넣어도 좋아요.

선택 재료
파슬리가루(0.2), 연유(적당량)

▶자세한 요리과정은
영상에서 확인하세요

Recipe ◀

1 통조림 옥수수는 체에 밭쳐 물기를 빼고,

2 볼에 부침가루($\frac{3}{4}$컵)와 물($\frac{1}{2}$컵)을 넣어 가루가 보이지 않을 정도로 섞고,

옥수수 알갱이가
으깨지지 않도록
살살~

3 옥수수와 치즈를 넣어 가볍게 섞고,

4 중간 불로 달군 팬에 식용유(3)를 둘러 반죽을 올려 바닥이 노릇해질 때까지 구워 뒤집고,

5 나머지 면도 노릇하게 익혀 그릇에 담은 뒤 파슬리가루(0.2)와 연유를 뿌려 마무리.

 #너무 맛있자냐

어묵라자냐

- 파스타 라자냐 대신 어묵에다 토마토소스와 구운 채소를 올려 구웠어요. 영양도 풍부해요.
- 아이들 간식으로 끝내주는 별미랍니다.
- 특별한 날 만들어도 좋겠죠?

▶ **Ingredients**

4인분

필수 재료
사각어묵(3장), 애호박(½개), 가지(½개), 시판 토마토소스(½컵), 슈레드 모차렐라치즈(½컵)

선택 재료
마늘(2쪽), 파슬리가루(약간)

양념
소금(약간), 후춧가루(약간)

▶자세한 요리과정은 영상에서 확인하세요

Recipe

1 사각어묵은 내열 용기에 맞게 자르고,

2 애호박과 가지, 마늘은 얇게 썰고,

3 센 불로 달군 팬에 올리브유(1)를 둘러 애호박과 가지에 양념해 살짝 굽고,

4 팬에 올리브유(0.5)를 두르고 마늘을 볶아 향을 낸 뒤 어묵을 앞뒤로 2분간 굽고,

5 내열 용기에 토마토소스(2) → 어묵 → 채소 순으로 3번 반복해 올린 뒤 슈레드 모차렐라치즈를 뿌리고,

랩을 씌워 구멍을 낸 뒤 치즈가 녹을 정도로 전자레인지에 돌려도 좋아요.

6 200℃로 예열한 오븐에 10분간 노릇하게 구운 뒤 파슬리가루를 뿌려 마무리.

▶ #반찬계의 매콤새콤보스

북어고추장장아찌

- 고소한 북어장아찌는 매콤달콤한 양념장이 관건!
- 유자청을 넣었더니 상큼한 맛과 향이 더해져 평범한 장아찌를 고급스럽게 만들어주네요.
- 밑반찬 부족할 때 내놓으면 인기 만점이랍니다.

▶ **Ingredients**

4인 가족 2주 반찬 기준

필수 재료
북어포(6줌=300g)

양념
청주(1컵), 후춧가루(0.4)

양념장
유자청(7)+고추장(1컵)+꿀(4)+다진 마늘(4)+다진 생강(1.2)

▶자세한 요리과정은 영상에서 확인하세요

Recipe ◀

1 북어포는 한입 크기로 자르고,

2 체에 받쳐 보푸라기를 털고,

3 북어포에 청주와 후춧가루(0.4)를 고루 버무려 촉촉해지도록 두고,

유자청 대신 매실청을 사용해도 좋아요.

4 유자청을 곱게 다져 **양념장**을 만들고,

1~2달 정도 숙성시키면 부드럽고 맛도 더 좋아요.

5 북어포에 양념장을 버무려 통에 꼭꼭 눌러 담아 마무리.

▶ #귀요미 도시락 2종

포켓 샌드위치

▶ **Ingredients**　　　딸기잼이나 포도잼도 잘 어울려요.　　　2인분

필수 재료 삶은 메추리알(1½컵), 식빵(4장), 블루베리잼(2), 샌드위치 햄(2장)
선택 재료 슬라이스 체다치즈(2장)
양념 소금(약간), 후춧가루(약간), 마요네즈(2), 허니머스터드(1)

1 메추리알은 포크로 굵게 으깬 뒤 **양념**을 넣어 섞고,

2 식빵은 밀대로 얇게 밀고,
가장자리가 밀착되도록 힘껏 눌러요!

3 식빵(2장)의 한쪽 면에 블루베리잼(2)을 얇게 펴 바르고,

4 슬라이스 체다치즈와 샌드위치 햄, 으깬 메추리알을 올리고,

도시락 대신 달걀판에 쏙쏙!

5 잼을 바르지 않은 식빵으로 덮은 뒤 식빵보다 작은 그릇으로 찍어내 마무리.

 #귀요미 도시락 2종

연어볼초밥

▶ Ingredients

쉽게 상하는 생연어보다 훈제연어가 도시락 싸기 좋아요.

2인분

필수 재료 밥(1.5공기), 슬라이스 훈제연어(10쪽)
선택 재료 케이퍼(2), 고추냉이(약간)
배합초 설탕(1)+식초(2.5)

케이퍼가 없을 땐 소금(0.2)을 밥에 추가해요.

▶자세한 요리과정은 영상에서 확인하세요

1 케이퍼(2)는 곱게 다진 뒤 가볍게 물기를 짜고,

아이와 함께 먹을 땐 고추냉이를 빼세요.

2 배합초는 설탕이 녹을 정도로 저어 뜨거운 밥에 케이퍼와 넣어 섞고,

3 한 김 식힌 뒤 한입 크기로 뭉치고,

4 고추냉이를 조금씩 바르고,

5 고추냉이를 바른 면에 훈제연어를 올린 뒤 랩으로 감싸 마무리.

#국물과 볶음 사이

쿠지라이식라면

- SNS에서 박수 받는 쿠지라이식 라면.
- 어릴 때 물 양을 적게 잡아 거의 졸아들게 끓였던 그 라면과 흡사해요.
- 국물이 면에 쏙 배어들어 맛이 더 진하고, 특이점은 중앙에 달걀을 깨 넣는 것!
- 이밥차는 여기에 파, 치즈, 김으로 맛을 더했어요.

▶ Ingredients

1인분

필수 재료
짬뽕라면 또는 매운라면(1봉), 달걀(1개)

선택 재료
쪽파(2대), 김(약간), 슬라이스 치즈(½장)

▶ 자세한 요리과정은 영상에서 확인하세요

Recipe ◀

대파를 써도 돼요.

1 쪽파는 송송 썰고, 김은 길고 얇게 자르고,

짭짤하고 진한 맛을 원한다면 스프 양 늘리기!!

2 물(2컵)에 라면 스프 절반을 넣어 끓이고,

3 끓어오르면 면, 후레이크를 넣어 국물이 반으로 졸아들 때까지 저어가며 끓이고,

4 라면 중앙에 홈을 만들어 달걀을 깨 넣은 뒤 쪽파를 뿌리고 뚜껑을 덮어 약한 불로 1분간 끓이고,

5 달걀이 반숙으로 익으면 불을 끄고 치즈와 김을 올려 마무리.

▶ #변비탈출 넘버원

양배추둥지밥

- 식이섬유 부자 양배추는 소화가 잘돼 먹고 나면 속이 편하죠?
- 쌈으로 많이 먹는 양배추를 잘게 채 썰면 아이도 먹기에 딱 좋아요.
- 구수한 된장으로 볶은 양배추 둥지에 달걀을 톡~!
- 은은한 단맛에 촉촉하고 부드러워 순하게 넘어가요.

▶ Ingredients

1인분

필수 재료
양배추(3장), 달걀(1개), 밥(1공기)

선택 재료
쪽파(1대)

된장물
물(½컵), 된장(0.3)

양념
간장(0.5), 참기름(0.3), 참깨(0.2)

Recipe

1 양배추는 채 썰고,
   쪽파는 송송 썰고,
   된장물을 만들고,

2 중간 불로 달군 팬에 식용유(0.5)를
   두른 뒤 양배추를 넣어 2분간 볶고,

3 된장물을 부어 6분간 끓이고,

4 양배추가 투명해지면
   가운데로 모은 뒤 달걀을 깨 올리고,

5 뚜껑을 덮어 2분간 익혀
   밥 위에 얹은 뒤 **양념**과
   송송 썬 쪽파를 뿌려 마무리.

▶ #국물에 볶음밥까지 샤샤샤

국물닭갈비

- 볶아만 먹던 닭갈비에 얼큰한 국물을 더해 맛보세요.
- 전골닭갈비라고도 불리는 강원도의 태백닭갈비랍니다.
- 이밥차에선 냉이 대신 제철 부추를 올렸어요.
- 식사와 안주를 동시에 해결하는 온 가족 맞춤형 일품! 남은 국물에 밥도 볶아 드셔야죠?

▶ **Ingredients** 4인분

필수 재료
닭다릿살(400g), 양파(½개), 대파(10cm), 깻잎(20장), 부추(1줌), 떡볶이떡(200g), 라면사리(1개)

선택 재료
납작 당면(½줌=100g), 콩나물(1줌)

양념장
설탕(1)+소금(0.2)+고춧가루(2)+물(3컵)+청주(3)+간장(3)+고추장(4)+다진 마늘(2)+다진 생강(0.5)+후춧가루(약간)

▶자세한 요리과정은
영상에서 확인하세요

Recipe ◀

1 당면은 찬물에 30분 정도 담가 불리고,

노란 지방층은 잘라내야 누린내가 안 나요.
2 닭다릿살은 한입 크기로 썰고,

3 양파는 채 썰고, 대파는 어슷 썰고, 깻잎은 3등분하고, 부추는 5cm 길이로 썰고,

4 **양념장**을 만들고,

5 끓는 물(3컵)에 닭다릿살을 넣고 다시 끓어오르면 1분간 데쳐 건지고,

6 전골냄비에 닭고기, 양파, 대파, 깻잎, 떡볶이떡을 담아 양념장을 붓고,

먼저 익는 면부터 건져 먹어요.
7 당면, 라면사리, 콩나물, 부추를 올리고 중간 불로 6분간 끓여 마무리.

#베트남에서 온 샌드위치

반미

- 바게트 속을 돼지고기와 채소로 야무지게 채운 반미는 베트남식 샌드위치예요.
- 무당근 피클로 아삭한 식감을 살리고, 매콤새콤한 소스를 더해 개운한 감칠맛을 냈어요.
- 꼬릿한 피시소스와 고수까지 넣어야 진짜 베트남 스타일!
- 먹다가 입천장 좀 까지는 것도 매력이에요.

▶ Ingredients

2인분

필수 재료
돼지고기 (앞다릿살 180g), 무(½토막), 당근(⅓개), 청오이(½개), 미니 쌀바게트(2개)

선택 재료
풋고추(2개), 홍고추(1개), 고수잎(적당량)

밑간
피시소스(1.5), 스리라차소스(1), 후춧가루(약간)

양념
설탕(0.7), 소금(0.1), 식초(1), 마요네즈(2), 스리라차소스(1)

Tip 반미의 필수 재료인 피시소스와 스리라차소스는 대형 마트에서 구입할 수 있어요.

Recipe ◀

1 돼지고기는 키친타월에 받쳐 핏물을 뺀 뒤 **밑간**하고,

짭짤하고 진한 맛을 원한다면 스프 양 늘리기!

2 무와 당근은 채 썰고, 고추와 청오이는 어슷 썰고,

고기 요리에 곁들여 먹어도 좋아요.

3 무와 당근은 설탕(0.7), 소금(0.1), 식초(1)를 넣어 15분간 절이고,

4 중간 불로 달군 팬에 식용유(1)를 둘러 양념한 돼지고기를 물기가 없도록 7분간 볶고,

5 쌀바게트는 반으로 가르고 마요네즈(2)와 스리라차소스(1)를 섞어 쌀바게트 한쪽 면에 바르고,

6 오이→무당근 피클→볶은 돼지고기→고수잎과 고추 순으로 채워 마무리.

▶ #기본 먼저 알고 가셔야죠?

바닐라컵케이크

👍 👎 ↗ ⬇ ≡+

- 기본 중의 기본인 바닐라컵케이크.
- 보들보들, 포실포실한 식감에 아이들도 참 좋아해요.
- 반죽에 좋아하는 재료를 더하거나 완성된 컵케이크 위에 생크림을 발라주면 맛과 모양이 업그레이드돼요.

▶ Ingredients

350㎖ 머그컵 2개 분량

반죽 재료
달걀(2개), 소금(약간), 설탕(60g), 우유(80g), 밀가루(140g), 베이킹파우더(4g), 버터(40g)
Tip 밀가루는 중력분이나 박력분을 사용해요.

반죽 재료
바닐라에센스(1~2방울), 슈가파우더(4)

▶자세한 요리과정은 영상에서 확인하세요

Recipe

1 볼에 달걀과 소금을 넣고 곱게 풀어 설탕과 우유(6)를 넣고 설탕이 녹을 때까지 섞고,

버터는 전자레인지에 20~30초간 돌려 녹여서 사용해요.

2 밀가루, 베이킹파우더, 버터를 넣고 마른 가루가 없도록 섞은 뒤 바닐라에센스를 넣어 섞고,

3 컵에 반죽을 절반 정도 채우고,

4 전자레인지에 1분 30초간 구운 뒤 슈가파우더(4)를 뿌려 마무리.

▶ Plus recipe
바닐라컵케이크를 기본으로 좋아하는 재료를 더해 다양한 컵케이크를 만들어보세요.

베리의 상큼함을 더한 블루베리컵케이크
필수 재료 바닐라컵케이크 반죽(350㎖×2개 분량), 블루베리(4)
1 컵(350㎖)에 반죽을 절반 정도 채우고 블루베리(1)를 넣어 바닥까지 고루 섞고.
2 블루베리(1)를 얹어 전자레인지에 1분 30초간 구워 마무리.

진한 커피향을 입힌 티라미슈컵케이크
필수 재료 크림치즈(5=75g), 버터(2=25g), 설탕(3), 구운 바닐라컵케이크(350㎖×2개), 코코아파우더(4)
커피시럽 커피가루(1)+뜨거운 물(4)
1 볼에 크림치즈, 버터, 설탕을 넣고 설탕이 녹을 때까지 고루 섞어 크림치즈 프로스팅을 만들고.
Tip 크림치즈와 버터는 실온에 30분 이상 꺼내 두었다가 사용해요.
2 바닐라컵케이크에 커피시럽을 뿌려 적시고.
3 크림치즈 프로스팅을 얹고 코코아파우더를 뿌려 마무리.

▶ #영양 만점 아이 간식

채소컵케이크

- 핫케이크가루에 달걀과 우유만 섞으면 초스피드로 반죽 완성!
- 자투리채소와 햄을 다져 넣어 영양까지 꽉 채웠어요.
- 학원 가기 전 아이 간식이나 간단한 한 끼 식사로도 손색없네요.

▶ **Ingredients**

350㎖ 머그컵 2개 분량

필수 재료
자투리채소(⅔컵), 달걀(1개), 우유(½컵), 핫케이크가루(1½컵)
Tip 이밥차는 자투리채소로 피망, 양파, 브로콜리를 사용했어요.

선택 재료
슬라이스 햄(2장)
Tip 베이컨이나 통조림 햄을 사용해도 돼요.

Recipe ◀

1 자투리채소는 잘게 다지고, 슬라이스 햄은 1cm 길이로 채 썰고,

2 센 불로 달군 팬에 식용유(1)를 두르고 다진 채소와 햄을 넣어 1분간 볶아 식히고,

3 볼에 달걀을 깨 넣어 곱게 푼 뒤 우유를 섞고,

4 핫케이크가루를 넣어 마른 가루가 없도록 고루 섞고,

5 볶은 재료를 넣어 가볍게 섞어 컵에 절반 정도만 채우고,

6 전자레인지에 1분 30초간 돌려 마무리.

▶ #숟가락으로 떠먹는 초콜릿

브라우니컵케이크

- 인기 만점인 브라우니를 컵케이크로 만들었어요.
- 한 숟가락 떠먹으면 초콜릿 풍미가 입안 가득 퍼지네요.
- 반죽에 초콜릿을 잘라 넣으면 더 진한 맛을 느낄 수 있어요.

▶ Ingredients

350㎖ 머그컵 2개 분량

반죽 재료
밀가루(120g), 설탕(150g), 코코아파우더(2), 베이킹파우더(4g), 포도씨유(2), 우유($\frac{3}{5}$컵)
🅣 밀가루는 중력분이나 박력분을 사용해요.

선택 재료
초콜릿(적당량)
🅣 반죽 위에 얹은 초콜릿은 마트에서 판매하는 판 형태의 밀크초콜릿을 사용했어요.

▶자세한 요리과정은 영상에서 확인하세요

Recipe ◀

1 볼에 밀가루, 설탕, 코코아파우더, 베이킹파우더를 넣어 고루 섞고,

2 포도씨유와 우유를 넣어 마른 가루가 보이지 않을 때까지 섞고,

3 컵에 반죽을 절반 정도 채우고,

4 반죽 위에 큼직하게 자른 초콜릿을 올리고,

휘핑크림과 과일을 얹어 장식을 해도 좋아요.

5 전자레인지에 1분 10초간 구워 마무리.

#대세는 치밥! 중독 쩌는

통감자매콤닭조림

- 구운 닭다리를 양념 치덕치덕 발라가며 맛깔나게 조린 메뉴예요.
- 윤기 차르르 흐르는 비주얼에 달고 맵고 신맛이 한 번에! 포슬한 감자가 빠졌으면 아쉬울 뻔 했어요.
- 화이트딥소스가 또 물건이네요. 얼얼해진 입을 부드럽게 살살 달래주거든요.
- 양념이 너무 맛있으니깐 꼭 밥까지 비벼 드세요.

▶ **Ingredients**

2인분

필수 재료
알감자(8개 또는 감자 2개), 닭다리(4개), 청양고추(2개), 홍고추(1개), 대파(10cm)

닭다릿살이나 닭가슴살도 ok!

밑간
소금(0.2), 후춧가루(0.1), 청주(1), 다진 마늘(0.5)

조림장
맛술(1)+물(3)+간장(1)+핫소스(1.5)+물엿(3.5)+케첩(2)+고추장(2)+후춧가루(약간)

핫소스는 생략해도 돼요.

화이트딥소스
플레인 요구르트(1팩=85g)+ 레몬즙 또는 식초(1)+ 다진 양파(3)+ 마요네즈(3)+소금(약간)+ 후춧가루(약간)

양념
소금(0.5), 고춧가루(0.5), 다진 마늘(0.5)

▶자세한 요리과정은 영상에서 확인하세요

Recipe ◀

꼬치로 찔러서 부드럽게 들어갈 정도로 익혀요.

1 감자는 깨끗이 씻어 껍질을 벗긴 뒤 소금(0.5)과 감자가 잠길 정도의 물을 넣어 삶고,

밑간 전 우유나 맥주에 담가 20분 정도 재우면 누린내 걱정 끝!

2 닭고기는 두툼한 부분에 깊게 칼집을 2~3번 넣어 **밑간**하고,

3 고추와 대파는 송송 썰고, **조림장**과 **화이트딥소스**는 각각 섞어두고,

4 센 불로 달군 팬에 식용유(2)를 두르고 닭고기를 굽다가 겉면이 노릇해지면 삶은 감자를 넣어 노릇하게 구워 꺼내고,

5 팬을 닦고 약한 불로 달군 팬에 식용유(1)를 두르고 고추와 대파, 고춧가루, 다진 마늘을 볶아 향을 낸 뒤 조림 양념을 넣어 바글바글 끓이고,

6 감자와 닭고기를 넣고 간이 배도록 3분간 조린 뒤 화이트딥소스를 곁들여 마무리.

▶ #파샥파샥! 식감이 어쩜!

삼겹살튀김샐러드

👍 👎 ↗ ⬇ ≡+

🔴 손님을 맞을 때 미리 만들어 두기도 좋고, 푸짐하고 폼 나는 요리예요.
🟣 대패삼겹살을 바삭바삭하게 튀겨 상큼한 채소를 곁들여요.
🟡 삼겹살 기름이 쪽 빠져 부담 없고, 드레싱도 은은해서 좋아요.

▶ **Ingredients**

2인분

필수 재료
대패삼겹살(200g), 두 가지 색 파프리카(각 ¼개씩), 양파(½개), 어린잎채소(2줌), 녹말가루(½컵)

밑간
소금(0.2), 생강즙(0.5), 청주(1.5), 후춧가루(약간)

드레싱
설탕(1)+다진 마늘(0.3)+식초(1.5)+올리브유(4)+씨겨자(1)+후춧가루(약간)

Recipe ◀

1 삼겹살은 **밑간**에 버무리고,

2 파프리카, 양파는 3mm 두께로 채 썰고,
 양파를 찬물에 담가 매운 맛을 제거해요.

3 어린잎채소는 깨끗이 씻어 물기를 빼고,

4 삼겹살에 녹말가루를 고루 묻혀 흰 가루가 없어질 때까지 잠시 두고,

젓가락을 담갔을 때 3초 뒤 기포가 생기면 알맞은 온도예요.

5 170℃로 달군 식용유(2컵)에 넣어 앞뒤로 3분간 튀겨 건지고,

6 채소와 삼겹살을 담고 **드레싱**을 곁들여 마무리.

#나들이 메뉴로 이만한 게 없죠
케일쌈밥과 호두쌈장

- 쌈채소로만 먹던 케일을 살짝 데치니 쓴맛이 사라지고 색이 선명해졌어요.
- 부드러우면서도 흐물거리지 않아 단단하게 말아 도시락 싸기 좋네요.
- 파프리카를 더해 식감 풍성한 쌈밥 완성!
- 호두와 케일 줄기를 다져 넣어 짠맛을 줄인 쌈장도 빼먹지 마세요.

▶ Ingredients

1인분

필수 재료
케일(7장), 2가지 색 파프리카(각 ¼개씩), 밥(½공기)

양념
소금(0.1), 참기름(0.3), 부순 참깨(0.5)

호두쌈장
호두(3개)+쌈장(1)+물(1)

Recipe ◀

비타민 등 영양소가 손실되지 않도록 살짝만 데쳐요.
버리지 마세요!

1 끓는 소금물(물3컵+소금0.1)에 케일 줄기부터 넣어 15초간 데쳐 물기를 가볍게 짠 뒤 줄기를 자르고,

2 케일 줄기(2대 분량), 파프리카, 호두(3개)를 굵게 다지고,

파프리카를 넣고 밥 양을 줄였어요. 아삭아삭한 오이나 당근을 넣어도 좋아요.

3 밥에 파프리카, 참기름(0.3), 부순 참깨(0.5)를 넣어 섞고,

4 케일 잎을 뒤집어 펼친 뒤 밥을 얹고 양 옆을 접어 돌돌 말고,

호두와 케일 줄기를 섞어 고소하고 짠맛을 줄인 쌈장!

5 **호두쌈장**에 다진 케일 줄기를 섞은 뒤 쌈밥에 곁들여 마무리.

#두고두고 먹고, 생각날 때 먹는
가지올리브유절임

- 설탕을 하나도 넣지 않고 오일에 재운 이탈리아식 피클이랍니다.
- 버섯처럼 꼬들꼬들한 식감이 살아 있어 빵 위에 척 올려 먹기만 해도 맛이 근사해요.
- 건져 먹고 남은 오일도 버리지 마세요.
- 빵을 찍어 먹거나 오일파스타를 만들면 진짜 맛있거든요.

▶ Ingredients

600㎖ 분량

필수 재료
가지(3개)

청양고추나 마른 고추를 사용해도 좋아요.

선택 재료
마늘(4쪽), 페페론치노(2)

소금물
굵은 소금(1.5)+물(⅓컵)

양념
식초(1컵), 올리브유(1½컵)

▶자세한 요리과정은 영상에서 확인하세요

Recipe ◀

1 가지는 반으로 길게 갈라 3등분한 뒤 납작하게 썰어 **소금물**을 부어 20분간 절이고,

2 마늘은 납작 썰고,

파프리카를 넣고 밥 양을 줄였어요. 아삭아삭한 오이나 당근을 넣어도 좋아요.

3 냄비에 물(2컵)과 식초(1컵)를 부어 끓어오르면 가지를 넣고 10초간 데친 뒤 체에 밭쳐 식히고,

4 손으로 물기를 짠 뒤 병에 마늘, 페페론치노와 함께 번갈아 담고, 가지가 잠길 정도로 올리브유(1½컵)를 붓고 뚜껑을 덮어 마무리.

하얗게 굳었다면 먹을 만큼 덜어 전자레인지에 살짝 돌려요.

Point!
실온에서 하루 정도 숙성한 뒤 냉장 보관해요.
3개월간 먹을 수 있어요.

#중독주의 맛스틸러

대패삼겹살볶음덮밥

- 삼겹살을 덮밥으로 즐기고 싶다면 대패삼겹살을 사용하세요.
- 보들보들 얇아서 밥에 곁들이기 딱 좋아요.
- 마땅한 반찬이 없는 날, 달큰한 양념장에 달달 볶은 삼겹살과 아삭한 숙주, 상큼한 대파가 맛깔나게 한 끼 해결해주네요.

▶ Ingredients

2인분

필수 재료
대패삼겹살(200g), 대파(20cm), 숙주(1줌), 밥(2공기)

선택 재료
풋고추(1개)

양념장
설탕(0.5)+간장(1)+청주(1)+고추장(1)+다진 마늘(0.5)+다진 생강(0.3)+올리고당(0.5)+참기름(0.5)+부순 참깨(0.5)

양념
참깨(약간), 참기름(1)

▶자세한 요리과정은 영상에서 확인하세요.

Recipe ◀

1 대패삼겹살은 먹기 좋게 썰어 **양념장**에 버무리고,

2 대파는 5cm 길이로 곱게 채 썰고, 풋고추는 양끝을 자른 뒤 젓가락을 넣어 씨를 털어내 송송 썰고,

3 숙주는 꼬리를 떼고 깨끗이 씻어 물기를 제거하고,

4 약한 불로 달군 팬에 식용유(1)를 두르고 대파를 넣어 2분간 볶다가 중간 불로 올리고 대패삼겹살을 넣어 5분간 볶고,

5 볶은 고기를 가장자리로 밀어 두고, 식용유(0.5)를 두르고 숙주를 넣어 30~40초간 볶은 뒤 고기와 함께 고루 섞어가며 2분간 더 볶고,

6 그릇에 밥을 1공기씩 담고 참기름(0.5)과 참깨를 각각 뿌린 뒤 삼겹살볶음과 풋고추를 올려 마무리.

▶ #쫄깃쫄깃 오동통통

절편로제떡볶이

👍 👎 ↗ ⬇ ≡+

● 구워만 먹던 절편이 근사한 한 끼 식사로 짠~
● 부드러운 로제소스에 보글보글 끓이니 말랑말랑 방금 나온 떡처럼 쫄깃하네요!
● 통통한 소시지 한 줌, 남은 버섯도 투척해서 푸짐하게 즐겨보세요.

▶ Ingredients

1인분

필수 재료   ┄ 베이컨이나 햄도 OK! ┄
절편(5개), 양파(¼개), 비엔나소시지(5개), 시판 토마토소스(1컵), 우유(⅓컵)
🅣 냉동 절편은 전날 냉장실에 두거나 전자레인지에 물(1컵)이 담긴 컵과 함께 넣고 2~3분간 해동해 사용해요.

선택 재료
미니새송이버섯(⅓줌), 슈레드 모차렐라치즈(⅓컵)

양념   ┄ 느타리버섯이나 ┄
                양송이버섯도 좋아요.
다진 마늘(0.7)

▶자세한 요리과정은 영상에서 확인하세요.

Recipe ◀

1 절편은 3등분하고, 양파는 굵게 채 썰고, 비엔나소시지와 버섯은 2등분하고,

2 중간 불로 달군 팬에 식용유(1)를 두르고 다진 마늘(0.7)과 양파를 넣어 2분간 볶고,

3 양파가 투명해지면 절편, 소시지, 버섯을 넣어 3분간 볶고,

4 토마토소스를 넣어 끓어오르면 우유를 부은 뒤 걸쭉해질 때까지 7분간 끓이고,

5 치즈를 뿌리고 뚜껑을 덮어 치즈가 녹을 때까지 약한 불로 4분간 끓여 마무리.

▶ #이태리에서 왔어용

봉골레수제비

👍 👎 ↗ ⬇ ☰+

- 수제비와 봉골레 파스타의 만남!
- 개운하고 칼칼한 국물에 면 대신 수제비 반죽을 넣어 쫀득한 식감을 살렸어요.
- 국물엔 조개의 감칠맛과 올리브유의 풍미가 솔솔~
- 나만의 비장의 레시피 하나 더 추가요!

▶ Ingredients

1인분

필수 재료
청양고추(1개), 마늘(4개), 페페론치노(3개), 조개(2컵=300g)

해감한 모시조개와 바지락을 사용했어요.

반죽 재료
밀가루(1컵), 소금(0.1), 올리브유(1)

양념
올리브유(3), 소금(0.1)

▶ 자세한 요리과정은 영상에서 확인하세요

Recipe ◀

1 볼에 **반죽 재료**를 넣어 물(¼컵)을 섞어가며 하나로 뭉쳐질 때까지 치댄 뒤 비닐을 씌워 냉장실에서 30분 이상 숙성하고,

많이 치댈수록 쫄깃해요.
반죽은 하루 전날 만들어도 좋아요.

2 청양고추는 송송 썰고, 마늘은 납작 썰고, 페페론치노는 먹기 좋게 부수고,

페페론치노 대신 마른 고추(1개)를 넣어도 돼요.

3 끓는 물(4컵)에 반죽을 조금씩 떼어 넣고 2~3분간 끓인 뒤 건져 물기를 빼고,

저어가며 끓여야 들러붙지 않아요.

Tip 최대한 얇게 떼는 것이 좋아요.

4 중약 불로 달군 오목한 팬에 올리브유(3)를 두르고 마늘을 넣어 2분간 노릇하게 볶고,

살짝 깊은 팬이 조리하기 편해요.

5 조개를 넣어 살짝 볶다가 물(1½컵)을 부어 입이 벌어질 때까지 끓이고,

6 소금(0.1)으로 간하고 반죽, 청양고추, 페페론치노를 넣어 한 번 더 끓여 마무리.

▶ #편의점 품절 대란

치즈콘닭

👍 👎 ↗ ⬇ ≡+

● 품절 대란에 먹어보기 참 어려웠던 편의점 메뉴.
● 달콤한 콘옥수수에 치킨이라니! 맛있을 수밖에 없는 조합이에요.
● 전자레인지에 들어갔다만 나와도 완성되는 초간단 레시피!
● 살짝 느끼할 땐 핫소스 뿌려 매콤하게 다시 달려볼까요?

▶ Ingredients

1인분

필수 재료
양파(½개), 통조림 옥수수(1컵), 치킨너겟(5조각), 슈레드 모차렐라치즈(½컵)

Tip 너겟 대신 남은 치킨을 사용해도 좋아요.

양념
설탕(0.3), 소금(약간), 마요네즈(4), 후춧가루(약간)

▶자세한 요리과정은 영상에서 확인하세요

Recipe ◀

1 양파는 굵게 다지고,

2 다진 양파에 옥수수, **양념**을 섞고

3 중간 불로 달군 팬에 식용유(3)를 둘러 너겟을 앞뒤로 4분간 노릇하게 구워 꺼내고,

전자레인지 사용 가능 용기인지 꼭 확인하세요.

4 내열 그릇에 옥수수샐러드 → 너겟 → 모차렐라치즈 순으로 올리고 전자레인지에 2분간 데워 마무리.

▶ #이런 혼술! 아주 칭찬해

소시지강정

- 윤기가 반질반질~ 맛도 만점인 똘망똘망한 소시지 안주예요.
- 살짝 데쳐 소시지 짠맛을 뺐더니 달콤한 간장소스를 입혀도 따로 놀지 않고요.
- 말 그대로 입에 착 붙는 게 딱 술안주 같네요.

▶ Ingredients

1인분

필수 재료
비엔나소시지(1½줌), 땅콩(2)

강정소스
설탕(1)+물(2)+간장(0.7)+물엿(1)+참기름(0.3)

Recipe ◀

이밥차처럼 만들려면 양끝에 +자로 칼집을 내요.

1 비엔나소시지는 원하는 모양으로 칼집을 넣고, 땅콩은 굵게 다지고,

짠맛을 빼는 과정이에요. 생략해도 좋아요.

2 소시지를 체에 밭쳐 뜨거운 물(1컵)을 부은 뒤 키친타월로 물기를 닦고,

3 강정소스를 만들고,

팬을 기울여 기름을 모아 튀기듯이 구워요.

4 중간 불로 달군 팬에 식용유(3)를 두르고 소시지를 겉이 바삭해질 때까지 4분간 구워 꺼내고,

5 키친타월로 팬을 닦은 뒤 강정소스를 부어 끓어오르면 소시지와 땅콩을 넣고 고루 버무려 마무리.

▶ #심쿵주의! 귀욤 터지는
토끼샌드위치

- 빵에 잼만 발라 먹기엔 왠지 아쉬운 날.
- 익숙한 조합의 재료들로 토끼 친구를 소환해보세요.
- 모양이 예쁘니 더 맛있게 느껴져요.
- 잼 바른 도톰한 식빵 얼굴에 바나나 귀와 코를 달고, 리본 햄과 딸기잼 볼터치로 포인트를 줬어요.

▶ Ingredients

필수 재료
식빵(4장), 딸기잼(3), 바나나(1개), 슬라이스 햄(3장)

선택 재료
초코칩(적당량)

최대한
얇은 것으로 준비!
이밥차는 양끝이 둥근
제품을 골랐어요.

▶자세한 요리과정은
영상에서 확인하세요

Recipe ◀

1 식빵(4장)은 밥그릇으로 동그랗게
   찍어내고,

2 식빵(2장)에 딸기잼(1.5)을 발라
   나머지 식빵으로 덮고,

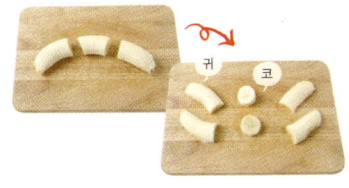

3 바나나는 3등분해 양쪽은 세로로 2등분,
   중간은 동그랗게 납작 썰고,

리본끈

작은 귀

4 햄(1장)은 긴 사각형으로 2개,
   작은 귀 모양으로 4개 자르고,

리본이 풀린다면
스파게티면을 짧게 잘라
뒤쪽에 꽂아 고정시켜요.

5 나머지 햄(2장)은 가운데 주름을 잡고
   긴 사각햄으로 감싸 리본을 만들고,

6 그릇에 빵 얼굴과 바나나 귀,
   햄 리본을 올리고,

7 바나나 코와 초코칩 눈, 코를 얹고
   딸기잼(1.5)으로 볼을 만든 뒤
   햄을 귀에 올려 마무리.

Youtube

PART 2
보는 즉시 따라하는
초간단 요리

▶ #이연복 셰프처럼 만들기

멘보샤

- 빵 사이에 다진 새우살을 넣어 노릇하게 튀겨 먹는 고급스러운 중국 요리!
- 탱탱한 새우살이 씹는 맛을 제대로 살리네요.
- 에어프라이어를 사용하면 기름을 쓰지 않아서 훨씬 담백해요.

▶ Ingredients

2인분

필수 재료
식빵(4장), 칵테일새우(15마리)

밑간
전분(1), 맛술(0.5), 달걀물(½개 분량), 다진 마늘(0.3), 참기름(0.3), 후춧가루(약간)

칠리마요소스
마요네즈(2)+칠리소스(2)+핫소스(0.5)+후춧가루(약간)

▶자세한 요리과정은 영상에서 확인하세요.

Recipe ◀

1 식빵은 테두리를 자른 뒤 4등분하고,

2 새우는 곱게 다진 뒤 **밑간**해 고루 치대고,

3 식빵 위에 다진 새우를 올린 뒤 다른 식빵으로 덮어 누르고,

식용유(2)를 뿌리면 바삭하게 익어요.

4 180℃로 예열한 에어프라이어에 넣어 10분간 구운 뒤 뒤집어 10분간 더 굽고,
  Tip 에어프라이어가 없다면 120℃의 식용유(2컵)에서 앞뒤로 5분간 튀겨주세요.

5 그릇에 담아 **칠리마요소스**를 곁들여 마무리.

 #파스타에 새우젓을?!

새우젓알리오올리오

👍 👎 ↗ ⬇ ≡+

🔴 김장하고 나면 잔뜩 남는 새우젓으로 파스타를 만들었어요.
🟣 안초비 파스타처럼 짭조름하면서도 한결 깔끔하답니다.
⚪ 마늘을 듬뿍 넣고 오래 볶아 구수한 맛과 쫀득한 식감을 살리는 게 포인트!
🔴 파스타가 느끼하다는 분들도 꼭 드셔보세요.

▶ Ingredients

1인분

▶ 자세한 요리과정은
영상에서 확인하세요

필수 재료
스파게티(1줌=100g), 마늘(10쪽), 페페론치노(3개), 새우젓(0.3)

선택 재료
파르메산 치즈가루(2), 파슬리가루(약간)

양념
소금(1), 올리브유(4)

Recipe ◀

스파게티는 큰 냄비에
물을 넉넉히 담아 삶아요.
포장지 뒷면의 조리 시간을
참고하세요.

면 삶은 물(2)은
남겨둬요.

1 끓는 소금물(물8컵+소금1)에
스파게티를 7분간 삶아 건져
체에 밭치고,

2 마늘은 납작 썰고, 페페론치노는
잘게 부수고, 새우젓(0.3)은 곱게 다지고,

3 중간 불로 달군 팬에 올리브유(4)를 두르고
마늘과 페페론치노를 넣어 중간 불에서
2분간 볶고,

4 마늘이 노릇해지면 다진 새우젓을 넣고
10초간 볶고,

5 스파게티와 면 삶은 물(2)을 넣어
고루 버무리고 파르메산 치즈가루(2)와
파슬리가루를 뿌려 마무리.

#밖에서 사 먹던 그 맛을 집으로

크림카레우동

- 국민 귀요미 추블리가 맛있게 먹던 바로 그 우동.
- 대기 시간이 어마어마한 강남역 인기 맛집 메뉴를 집에서 즐기세요.
- 하얗게 덮인 크림 속에 향긋하고 통통한 카레 우동이 숨어 있어요.
- 매콤한 카레와 고소한 감자크림이 오묘하게 어우러져 풍미를 더하고 느끼함도 싹 잡아준답니다.

▶ Ingredients

1인분

필수 재료
양파(½개), 베이컨(3줄), 카레가루(¼컵), 우동면(1개=200g)

이밥차에선 매운맛 카레가루를 사용했어요.

감자크림 재료
감자(2개), 크림화이트소스(1컵), 우유(⅓컵), 소금(약간), 후춧가루(약간)

선택 재료
당근(¼개), 파슬리가루(약간)

▶자세한 요리과정은 영상에서 확인하세요

Recipe ◀

감자는 뜨거울수록 잘 으깨져요.

1 감자는 삶아 으깬 뒤 한 김 식히고, 양파와 베이컨, 당근은 한입 크기로 썰고,
  Tip 감자는 끓는 물(1컵)에 뚜껑을 덮어 10분간 삶아 건져요.

곱게 갈수록 더 부드러운 크림이 완성!

2 으깬 감자와 나머지 **감자크림 재료**를 믹서에 넣어 갈고,

우동면은 20초간 데쳐 기름기를 제거해 준비해요.

3 중약 불로 달군 팬에 식용유(1)를 두르고 양파, 베이컨, 당근을 넣어 노릇하게 볶은 뒤 물(1½컵), 카레가루를 넣어 끓이고,

4 끓어오르면 우동면을 넣어 버무린 뒤 3분간 끓여 그릇에 담고,

짤주머니가 없다면 숟가락으로 퍼올려 골고루 펴주세요.

5 감자크림을 짤주머니에 넣어 카레우동 위에 짜 올리고 파슬리가루를 뿌려 마무리.

▶ #김말이보다 훨 맛있는
순대튀김

- 맥주 안주에 튀김이 빠질 수 없죠?
- 익숙한 김말이 대신 순대튀김은 어떠세요.
- 복잡한 재료 손질도 필요 없고 쫀득쫀득 차진 식감!
- 매콤달콤 소스에 콕 찍어 먹으니 맥주가 쭉쭉 들어가네요.

▶ Ingredients

2인분

필수 재료
순대(30cm), 밀가루(3)
🅣 냉동 순대는 완전히 해동해서 물기를 닦아낸 뒤 사용해야 기름이 튀지 않아요. 분식집 순대를 써도 좋아요.

디핑소스
다진 땅콩(2)+물(0.7)+다진 마늘(0.3)+케첩(2)+올리고당(1)+고추장(0.7)

튀김 반죽
밀가루(1컵)+물(1¼컵)+달걀(1개)+소금(약간)

Recipe ◀

1 디핑소스를 만들고,

오래 돌리면 부서지니 살짝 말랑해질 정도만!

2 한입 크기로 썬 순대는 볼에 담아 랩을 씌운 뒤 전자레인지에 1분 30초간 돌리고,

밀가루를 입혀야 반죽이 잘 묻어요.

3 비닐봉지에 밀가루(3)와 순대를 넣고 흔들어 고루 묻히고,

4 튀김 반죽에 넣어 가볍게 버무리고,

나무젓가락을 담갔을 때 3~4초 후 기포가 올라오면 170℃!

5 170℃로 달군 식용유(2컵)에 노릇하게 튀겨 건져내고 디핑소스를 곁들여 마무리.

 #1인 일식집밥

와사비비빔밥

- 톡톡 터지는 날치알을 듬뿍 넣고 와사비에 비벼 먹는 비빔밥이에요.
- 횟집이 생각나는 익숙한 맛과 비주얼!
- 김에 싸 먹으면 캘리포니아롤 느낌도 나고요.
- 오이채나 무순을 더해도 느낌 있어요.

▶ **Ingredients**   1인분

필수 재료
따뜻한 밥(1공기), 날치알(1), 김가루(적당량)

선택 재료
맛살(2쪽), 쪽파(1대)

양념
소금(약간), 설탕(0.5), 식초(1.5), 와사비(0.5)

Recipe ◀

1 밥에 소금, 설탕(0.5), 식초(1.5)를 섞어 한 김 식히고,

2 맛살은 결대로 곱게 찢고, 쪽파는 송송 썰고,

3 밥 위에 맛살, 날치알(1), 김가루, 쪽파, 와사비(0.5)를 얹어 마무리.

Tip!
모든 재료를 골고루 비벼 김밥으로 말아도 좋아요.

#밥솥이 열일하는
저수분수육과 무생채

- 불 앞에 서있기도 싫은데 수육은 언제 삶느냐고요? 밥솥 버튼만 눌러주세요.
- 물 한 방울 없이도 채소에서 나온 수분이 고기에 스며들어 육질이 촉촉해요.
- 빠져나가는 맛이나 영양소도 없답니다.
- 초보자도 쉽게 만들 수 있도록 조리는 간단히! 꼭 필요한 재료들로 누린내를 잡았어요.

▶ Ingredients

4인분

필수 재료
삼겹살 수육용(700g), 무(2토막), 대파 푸른 부분(30cm)

선택 재료
월계수잎(1장)

> Tip 없어도 되지만 한번 장만해보세요. 고기나 생선 잡내 제거뿐만 아니라 파스타, 피클, 스테이크에 넣으면 맛과 향이 좋아진답니다.

양념장
맛술(3)+다진 마늘(2)+된장(2)

Recipe ◀

너무 크면
밥솥에 들어가는 길이로
썰어요.

1 삼겹살에 **양념장**을 바르고,

무는 고기를 부드럽게 하고
수분을 더해줘요.

2 무는 납작 썰고, 대파는 10cm 길이로 썰고,

3 압력밥솥 바닥에 무 절반을 깐 뒤
   양념한 삼겹살을 얹고,

4 대파와 월계수잎, 남은 무를 얹고,

젓가락으로 깊숙이 찔러
핏물 섞인 육즙이 흘러나오지
않으면 다 익은 거예요.

5 찜기능으로 30분간 익힌 뒤
   보온 기능으로 10분간 뜸들이고,

6 고기만 건져 먹기 좋게 썰어 마무리.

 #리필 가능

콘튀김

● 요즘 양꼬치집에서 인기 많은 요리!
● 바삭바삭 얇은 튀김옷 속 달달하고 고소한 옥수수 알이 톡톡 터져 자꾸만 손이 간답니다.
● 통조림 옥수수는 물기를 완전히 뺀 뒤 튀김옷을 두 번 입혀야 기름이 튀지 않아요.

▶ Ingredients

3인분

필수 재료
통조림 옥수수(1캔=340g), 밀가루(3), 녹말가루(3)

양념
소금(0.2)

Recipe ◀

1 통조림 옥수수는 체에 밭친 뒤 키친타월로 물기를 닦고,

2 볼에 밀가루(3)와 옥수수를 넣고 가볍게 섞어 5분 정도 두고,

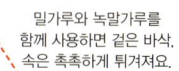

밀가루와 녹말가루를 함께 사용하면 겉은 바삭, 속은 촉촉하게 튀겨져요.

3 밀가루가 옥수수에 스며들면 녹말가루(3)를 넣어 한 번 더 섞고,

4 160℃로 달군 식용유(4컵)에 옥수수를 넣어 2~3분간 노릇하게 튀겨 건지고,

옥수수를 한 알 떨어트려 4~5초 후에 떠오르면 알맞은 온도예요. 기름 온도가 떨어지지 않도록 2~3번에 나눠서 저어가며 튀겨요.

5 키친타월에 밭쳐 기름기를 뺀 뒤 식기 전에 소금(0.2)을 뿌려 마무리.

Tip 너무 오래 튀기면 기름이 튈 수 있으니 주의!

▶ #멕시코에서 온 나초도둑

과카몰리와 피코데가요

👍 👎 ↗ ⬇ ≡+

🔴 멕시코에서 김치처럼 먹는 피코데가요는 색감이 꼭 멕시코 국기를 닮아 멕시코 살사라고도 부른답니다.
🟣 상큼하면서 개운해 느끼한 음식과 찰떡궁합!
🟠 과카몰리는 타코나 나초칩에 곁들이기 좋은데요. 색이 금방 변하니 먹기 바로 직전에 만드세요.

▶ Ingredients

2인분

필수 재료
토마토(2개), 양파(¼개), 청피망(¼개), 아보카도(1개), 나초칩(적당량)
> Tip 매콤한 맛을 원한다면 청피망 대신 청양고추(1개)나 할라피뇨(1개)를 넣어요. 취향에 따라 고수를 더해도 좋아요.

과카몰리 양념
소금(약간), 후춧가루(약간), 레몬즙(2)

피코데가요 양념
소금(약간), 레몬즙(1), 올리브유(2), 다진 마늘(0.2)

Recipe ◀

1 토마토, 양파, 청피망은 작게 사각 썰고, 아보카도는 반을 갈라 씨를 뺀 뒤 과육만 발라 포크로 으깨고,

2 으깬 아보카도에 토마토(3), 양파(2), **과카몰리 양념**을 넣어 섞고,

피코데가요는 냉장실에 두어 차게 먹는 게 맛있어요.

3 남은 토마토와 양파에 청피망, **피코데가요 양념**을 섞어 나초칩을 곁들여 마무리.

#츄릅츄릅 리얼혼술안주

쏘야볶음라면

- 소시지야채볶음에 라면 한 봉지 더해 감칠맛 도는 안주로 업그레이드!
- 꼬들꼬들한 면이 속도 채워주고, 수프를 첨가한 양념은 익숙하면서도 묘한 중독성이 있어요.
- 청양고추를 더하면 불금만큼이나 화끈한 메뉴가 돼요.

▶ Ingredients

2인분

필수 재료
양파(½개), 파프리카(½개), 비엔나소시지(2컵), 라면사리(1개)

선택 재료
청피망(½개)

양념장
라면수프(0.7)+물(½컵)+케첩(4)

▶ 자세한 요리과정은 영상에서 확인하세요

Recipe ◀

너무 크면 밥솥에 들어가는 길이로 썰어요.

1 양파, 피망, 파프리카는 굵게 채 썰고,

2 비엔나소시지에 칼집을 넣고,

3 양념장을 만들고,

한 번 더 볶으니 살짝만 익혀요.

4 끓는 물(3컵)에 라면사리를 넣어 2분간 삶아 건지고,

5 중간 불로 달군 팬에 식용유(0.5)를 둘러 비엔나소시지를 30초간 볶다가 채소를 넣어 1분간 볶고,

6 라면사리와 양념장을 넣고 1분간 가볍게 볶아 마무리.

#봉구비어 따라잡기
고구마치즈스틱

- 늘 쪄 먹던 고구마를 간식, 술안주로 만들었어요.
- 고구마에 꿀을 더해 단맛과 부드러움을 살리고 계핏가루로 은은한 향을 더했어요.
- 짭조름한 치즈도 자칫 달기만 한 맛을 잘 잡아주네요.
- 노릇한 색이 날 때까지 팬에서 충분히 구워야 바삭바삭하답니다.

▶ Ingredients

12개 분량

필수 재료
고구마(작은 것 3개), 슈레드 모차렐라치즈(18), 파르메산 치즈가루(18+약간), 춘권피(12장)

선택 재료
계핏가루(0.3), 꿀(2+약간), 다진 파슬리(약간)

모차렐라치즈 또는 파르메산치즈 중 하나만 사용해도 돼요.

▶자세한 요리과정은 영상에서 확인하세요

Recipe ◀

1 냄비에 고구마를 넣고 물을 자작하게 부어 중간 불에서 15분간 삶아 건져 껍질을 벗기고,

고구마 반죽의 농도를 봐가며 꿀의 양을 조절하세요.

2 적당히 으깬 뒤 계핏가루(0.3)와 꿀(2)을 넣어 부드럽게 섞고,

3 춘권피를 마름모꼴로 놓고 고구마 반죽과 모차렐라치즈(1.5), 파르메산 치즈가루(1.5)를 올리고,

춘권피가 잘 안 붙으면 달걀물을 살짝 발라주세요.

4 춘권피로 감싸 말고,

5 식용유(2)를 두른 팬을 중간 불로 달군 뒤 매듭 부분이 바닥에 먼저 닿도록 올려 노릇하게 구워 꿀(약간), 다진 파슬리(약간), 파르메산 치즈가루(약간)를 뿌려 마무리.

Tip!
고구마가 너무 진득거리고, 맛이 너무 달아졌나요?

꿀은 부드러운 농도와 단맛을 맞춰주는 역할을 해요. 고구마의 당도가 높을 경우 꿀 대신 우유를 사용해 단맛은 그대로, 농도만 촉촉하고 부드럽게 맞춰주세요. 호박고구마처럼 수분이 많은 고구마는 꿀 대신 설탕으로 단맛을 맞추는 게 좋아요.

▶ #달콤짭잘한 비빔면의 신세계, 베트남 비빔국수
분보싸오

👍 👎 ↗ ⬇ ☰+

🔴 쌀국수를 뜨거운 국물 요리로만 맛보셨나요?
🟣 분보싸오는 가느다란 쌀국수면을 새콤 짭짤한 소스에 적셔 먹는 메뉴예요.
⚪ 무절임과 과일, 채소의 갖가지 식감이 조화롭답니다.
🔴 먹을 땐 부담 없는데 재료가 풍성해 은근히 든든해요.

▶ Ingredients

2인분

필수 재료
무(½토막), 파인애플 링(1개), 상추(4장),
오이(½개), 양파(¼개), 쇠고기(불고기용 180g),
버미셀리(2인분=250g)

선택 재료
다진 땅콩(2)

> 버미셀리는 실처럼 가느다란 쌀국수면이에요.

절임물
설탕(2)+물(4)+식초(4)

양념
소금(0.1), 후춧가루(약간)

양념장
설탕(0.5)+식초(2)+피시소스(1.5)+
간장(0.7)+월남쌈소스(4)+
다진 홍고추(½개 분량)

▶자세한 요리과정은 영상에서 확인하세요

Recipe ◀

1 무는 5~6cm 길이로 채 썰어 **절임물**에 재우고,

> 맛집에서는 베트남 요리에 자주 사용하는 양파절임 대신 무절임을 넣어요.

2 파인애플과 상추는 한입 크기로 썰고, 오이와 양파는 채 썰고,

3 쇠고기는 키친타월로 닦아 핏물을 제거하고,

4 중간 불로 달군 팬에 식용유(2)를 둘러 고기와 양파를 30초간 볶다가 **양념**을 넣어 물기 없이 볶고,

5 끓는 물(3컵)에 버미셀리를 3분간 삶아 건져 물기를 빼고,

6 그릇에 모든 채소와 면을 담고 고기를 올린뒤 **양념장**, 다진 땅콩을 뿌려 마무리.

 #다이어트 해야지?

우무콩국

- 콩물을 만들려면 많은 정성과 시간이 필요하니 한 번에 넉넉히 만들어 냉장실에 보관하세요.
- 얼음을 동동 띄운 여름 별미 음료로 소면을 더해 콩국수로 다양한 버전으로 즐기기 좋답니다.
- 밍밍한 기존 콩물과 달리 감칠맛을 살리기 위해 다시마 우린 물을 사용했어요.

▶ Ingredients

2인분

필수 재료
백태(2컵), 우뭇가사리묵(½모=250g)

선택 재료
오이(¼개), 방울토마토(2개)

양념
소금(0.5), 참깨(3)

다시마 우린 물
다시마(1장=5×5cm)+따뜻한 물(4컵)

▶자세한 요리과정은 영상에서 확인하세요

Recipe ◀

1 백태는 깨끗이 씻어 반나절간 불린 뒤 바락바락 주물러 껍질을 벗겨 체로 건지고,

Tip 벗겨진 껍질은 가벼워 위로 떠오르니 체를 사용해 건져주세요.

뚜껑을 자주 여닫으면 비린내가 날 수 있으니 처음부터 열고 삶는 것이 좋아요.

2 냄비에 불린 백태, 소금(0.5), 물(8컵)을 넣어 센 불로 올려 끓어오르면 중간 불로 줄여 15분간 삶고,

3 우뭇가사리묵과 오이는 채 썰고, 방울토마토는 4등분하고,

처음부터 물을 많이 넣으면 콩이 튀어서 곱게 갈리지 않아요.

4 믹서에 삶은 백태, 참깨(3)를 넣은 뒤 **다시마 우린 물**(4컵)을 두세 번 나눠 넣어가며 곱게 갈고,

5 곱게 간 콩물을 체에 밭쳐 거른 뒤 냉장실에 1시간 동안 식히고,

Tip 콩물을 체에 거르면 맑고 부드럽게 즐길 수 있어요.

기호에 따라 소금으로 간을 맞춰주세요.

6 그릇에 채 썬 우뭇가사리묵을 담고 콩물을 부은 뒤 오이와 방울토마토를 올려 마무리.

Tip 남은 콩물은 밀폐용기에 담아 냉장실에서 3~4일간 보관이 가능해요.

▶ #정신없이 퍼먹자
두부김치그라탱

- 털털하게 맛보던 두부김치가 고급진 그라탱으로 변신!
- 매콤한 볶음김치와 두부는 그대로 준비하고, 치즈만 더해 10분만 구우세요.
- 고소한 치즈가 김치의 짠맛을 눌러주고, 두부도 부드럽게 안아주네요.
- 숟가락으로 떠먹기 편하답니다~

▶ **Ingredients**　　　　　　　　　　　　　　　　　　　　　3인분

필수 재료
두부(⅔모=200g), 대파(7cm), 양파(⅓개), 김치(1컵), 통조림 참치(작은 것 1캔=100g), 슈레드 모차렐라치즈(⅔컵)

선택 재료
청양고추(1개), 시판 크림소스(3), 송송 썬 쪽파(약간)

참치기름(2)도 버리지 마세요.
3번 과정에서 사용해요.

양념
다진 마늘(0.5), 설탕(0.5), 참기름(0.3)

▶ 자세한 요리과정은 영상에서 확인하세요

Recipe ◀

1 끓는 물(3컵)에 두부를 2~3분간 데친 뒤 납작 썰어 키친타월로 물기를 닦고,

2 대파와 고추는 송송 썰고, 양파는 굵게 다지고, 김치는 한입 크기로 자르고,

참치기름으로 볶으면 더 고소해요.

3 중간 불로 달군 팬에 참치기름(2), 대파, 양파, 다진 마늘(0.5)을 넣어 2분간 볶고,

4 김치, 참치, 설탕(0.5)을 넣어 4분간 볶다가 청양고추와 참기름(0.3)을 섞어 볶음김치를 만들고,

5 내열용기에 두부 → 볶음김치 → 크림소스(3) → 모차렐라치즈 순으로 담고,

전자레인지에 치즈가 녹을 때까지 돌려도 좋아요.

6 190℃로 예열한 오븐에 8~10분간 굽고 쪽파를 뿌려 마무리.

#광고 나오는 시간에 휘리릭

김치치즈프라이즈

- 맥주 안주로 감자튀김만 한 게 없죠?
- 튀기는 게 번거롭다면 편의점에서 감자칩 한 봉지만 사오세요.
- 김치를 달달 볶아 올리고 녹진한 치즈소스까지 곁들이니 이태원 멕시칸 맛집이 부럽지 않네요.

▶ Ingredients

2인분

필수 재료
김치(⅔컵), 감자칩(3줌)

> 짜지 않고 담백한 감자칩을 사용하세요.

선택 재료
적양파(½개), 쪽파(1대)

> 치즈는 잘게 찢어요.

치즈소스
설탕(0.7), 슬라이스 체다치즈(2장)+우유(3)

Recipe ◀

> 물에 씻어 짠맛을 줄여도 좋아요.

1 김치는 양념을 털어내 송송 썰고, 적양파는 굵게 다지고, 쪽파는 송송 썰고,

> 김치에 설탕을 넣어 충분히 볶으면 은은한 단맛과 감칠맛이 살아나요.

2 중간 불로 달군 팬에 식용유(1)을 둘러 김치와 설탕(0.7)을 넣어 노르스름해질 때까지 5분간 볶고,

3 볼에 **치즈소스**를 담아 전자레인지에 1분 30초간 돌린 뒤 고루 섞고,

4 그릇에 감자칩과 볶은 김치, 치즈소스, 적양파를 차례대로 담고 쪽파를 뿌려 마무리.

▶ #당면없이 후다닥

파프리카잡채

👍 👎 ↗ ⬇ ☰+

🔴 파프리카는 기름에 볶으면 영양 흡수율이 더 높아져요.
🔵 아삭아삭할 정도로 살짝만 볶고 버섯과 돼지고기를 더해 갖가지 식감이 풍성한 잡채를 만들었어요.
🟤 파프리카와 육즙이 양념장과 어우러져 좀 식어도 촉촉하니 맛있답니다.
🔴 토르티야나 꽃빵에 싸먹어도 잘 어울려요.

▶ Ingredients

필수 재료
느타리버섯(1줌), 두 가지 색 파프리카(½개씩), 돼지고기 안심(170g)

선택 재료
청피망(½개)

밑간
소금(0.1), 후춧가루(약간)

양념
소금(약간), 후춧가루(약간)

양념장
설탕(0.5)+간장(2)+참기름(1)+참깨(0.2)

2인분

▶ 자세한 요리과정은 영상에서 확인하세요

Recipe ◀

1 느타리버섯은 밑동을 제거해 결대로 찢고, 파프리카와 피망, 돼지고기는 채 썰고,

2 돼지고기는 **밑간**하고,

3 센 불로 달군 팬에 식용유(1)를 둘러 손질한 채소와 **양념**을 넣어 40초간 볶아 꺼내고,

4 같은 팬에 식용유(1)를 둘러 돼지고기를 중간 불로 2분간 볶아 색이 고르게 변하면 모든 재료와 **양념장**을 넣고 섞어 마무리.

▶ #1인 1닭의 시대! 치느님 밥반찬 되셨네

간장닭불고기

- 한국인 입맛에 딱 맞는 달콤 짭조름한 간장양념에 쫄깃한 닭다릿살을 더했으니 먹어보지 않아도 그 맛이 상상되죠?
- 식용유 대신 고추기름으로 채소를 볶으면 풍미가 확 살아나요.
- 닭껍질은 완전히 제거해 요리해도 좋아요.

▶ Ingredients

4인분

필수 재료
양파(⅓개), 대파(20cm), 닭다릿살(4~5쪽=500g)

선택 재료
마늘(3쪽), 마른 고추(1개)

밑간
소금(0.2), 후춧가루(약간), 청주(2), 다진 생강(0.2)

양념장
설탕(1)+고운 고춧가루(1)+맛술(2)+물(4)+
간장(4)+간 양파(3)+다진 마늘(0.7)+
다진 생강(0.2)+올리고당(2)+후춧가루(0.1)

▶자세한 요리과정은 영상에서 확인하세요

Recipe ◀

1 양파는 채 썰고, 대파는 송송 썰고, 마늘은 얇게 납작 썰고, 마른 고추는 송송 썰고,

두꺼운 부분은 칼집을 깊게 넣어 속까지 잘 익도록 만들어요.

2 닭다릿살은 흰 지방덩어리를 제거해 가볍게 씻어 물기를 제거한 뒤 칼끝으로 껍질을 콕콕 찔러 잔칼집을 넣고,

3 닭다릿살을 **밑간**에 버무리고,

4 **양념장**을 만들고,

닭은 껍질 쪽부터 얹어 노릇한 색이 나도록 구워요.

5 중약 불로 달군 팬에 식용유(1)을 둘러 마늘과 대파, 양파를 넣고 30초 정도 볶다가 중간 불로 올려 닭고기를 앞뒤로 3분간 굽고,

6 닭고기에 노릇한 색이 나면 **양념장**을 붓고 5분간 조려 마무리.

#사르르 녹네, 녹아

감자맛탕

- 배는 부른데 달콤한 그 맛에 계속 먹게 돼요.
- 아이들 간식으로도 좋고, 술안주로도 딱이에요.
- 자칫 심심할 수 있는 맛탕에 견과류랑 검은깨를 넣으니 씹는 맛이 살아나네요.
- 절대 실패할 수 없는 메뉴죠. 무슨 말이 더 필요할까요. 바로 만들어보세요.

▶ Ingredients

2인분

필수 재료
감자(중간 크기 3개), 검은깨(1), 견과류(⅓컵)

시럽 재료
소금(0.2), 황설탕(3), 물(3), 물엿(3)

▶ 자세한 요리과정은
영상에서 확인하세요

Recipe ◀

1 감자는 깨끗이 씻은 뒤 껍질을 벗겨 4등분하고,

큰 감자는 조금 더 등분해요.

2 흐르는 물에 전분기를 씻어낸 뒤 물기를 완전히 제거하고,

젓가락을 넣어 1~2초 뒤 기포가 올라오면 적당한 온도예요.

튀긴 감자는 키친타월에 펼쳐두세요. 겹쳐두면 눅눅해지기 쉬워요.

3 180℃로 달군 식용유(2컵)에 넣어 5분간 노릇하게 튀겨 건지고,

4 팬에 **시럽 재료**를 넣어 젓지 않고 그대로 중약 불로 설탕이 다 녹을 때까지 끓이고,

5 소금과 설탕이 완전히 녹고 저었을 때 묵직할 정도로 끈적한 농도가 되면 튀긴 감자와 검은깨, 견과류를 넣고 재빨리 버무린 뒤 불을 꺼 마무리.

#믿고먹는 국민반찬

마른새우아몬드볶음

김장만큼이나 든든한 저장 반찬이 필요하다면 짭조름한 마른새우 아몬드볶음이 정답!

특별한 손질 없이도 누구나 쉽게 만들 수 있고 고추장양념이 매콤하게 입맛을 살려줘요.

여기에 견과유를 이용하면 고소함까지 듬뿍 담을 수 있답니다.

▶ Ingredients

2인분

필수 재료
마늘(2쪽), 견과유(1), 마른새우(1½컵), 아몬드 슬라이스(⅓컵)

양념장
청주(1)+간장(0.3)+올리고당(0.6)+고추장(1)+참기름(0.3)+후춧가루(약간)

양념
참깨(1)

▶자세한 요리과정은 영상에서 확인하세요

Recipe ◀

1 마늘은 납작 썰고,

2 **양념장**은 섞고,

3 중약 불로 달군 팬에 견과유(1)를 두른 뒤 마늘을 볶아 향을 내고,

4 마늘이 노릇해지면 마른새우를 넣어 3분간 볶고,

5 새우가 바삭하게 볶아지면 **양념장**을 넣어 2분간 고루 볶은 뒤 아몬드 슬라이스를 섞고 참깨(1)를 뿌려 마무리.

▶ #부대찌개는 잊으시오

부대볶음

👍 👎 ↗ ⬇ ≡+

 부대찌개에 조리법만 조금 바꿨는데 대박이에요!
 잘 익은 김치와 채소를 달달 볶아 새콤, 달큰한 맛을 내니 국물 없이도 풍족하네요.
 아이들과 함께 먹는 저녁 반찬으로도 합격, 술안주로는 두말하면 잔소리!

▶ Ingredients

4인분

필수 재료
통조림 햄(1캔=200g), 소시지(2개), 김치(1컵), 양파(½개), 대파(10cm)

선택 재료
양배추(2장), 떡볶이 떡(150g) — 떡이 딱딱하면 미리 말랑하게 데쳐 사용해요.

양념장
설탕(0.5)+고춧가루(1)+간장(1.5)+물(½컵)+청주(1.5)+올리고당(1.5)+고추장(1.5)+참기름(0.5)+다진 마늘(1)+다진 생강(0.3)

▶ 자세한 요리과정은 영상에서 확인하세요

Recipe ◀

1 햄과 양배추는 직사각형으로 납작 썰고, 소시지는 어슷 썰고,

2 김치는 한입 크기로 썰고, 양파는 채 썰고, 대파는 길게 갈라 3등분하고,

3 중간 불로 달군 팬에 식용유(2)를 두르고 김치를 넣어 1분간 볶고,

4 양배추와 양파를 넣어 1분간 볶다가 햄과 소시지를 넣고 고루 볶고,

5 **양념장**을 붓고 떡, 대파를 넣고 고루 볶아 마무리.

#집에서도 셰프처럼

새우크림리소토

- 리소토는 이탈리아 북부의 전통요리예요. 쌀로 만들어 우리나라 사람들의 입맛에도 잘 맞죠.
- 죽과 비슷하지만 쌀알에 힘이 있도록 익히는 것이 포인트!
- 크림과 해물을 넣어 만들면 부드럽고 고소한 맛이 쌀 속에 스며들어 입 안에서 착착 감겨요.

▶ Ingredients

2인분

필수 재료
모시조개(1봉), 오징어(1~2마리), 새우(8미리), 마늘(2쪽), 양파(1~2개), 쌀(1컵), 월계수 잎(1장), 화이트 와인(1~3컵), 생크림(1~3컵)

양념
소금(1+약간), 올리브유(4), 후춧가루(약간), 파르메산 치즈가루(2), 피슬리가루(약간)

▶ 자세한 요리과정은 영상에서 확인하세요

Recipe ◀

리소토를 할 때는 쌀을 불리지 않아야 씹는 맛이 더 좋아요.

냉동 칵테일새우를 사용해도 좋아요.

1 모시조개는 소금물(물3컵+소금1)에 담가 어두운 곳에 두어 해감하고, 오징어는 작게 썰고, 새우는 수염과 뿔, 내장을 제거하고,

2 마늘은 얇게 썰고, 양파는 다지고, 쌀은 씻어 체에 받쳐 물기를 빼고,

해물에서 나오는 국물까지 그대로 두세요.

3 냄비에 모시조개와 월계수잎, 물(4컵)을 넣고 뚜껑을 덮어 모시조개 입이 벌어질 때까지 끓인 뒤 육수(4컵)는 거르고, 살은 발라두고,

4 중간 불로 달군 팬에 올리브유(1)를 두르고 오징어와 새우를 넣어 2분간 볶다가 화이트 와인을 넣어 센 불에서 익혀 꺼내고,

5 같은 팬에 올리브유(3)를 두른 뒤 양파와 마늘을 넣어 볶다가 쌀을 넣어 2분간 볶고,

육수를 나누어 넣어야 쌀이 불지 않고 씹는 맛이 좋아요.

6 육수를 1컵씩 부어가며 쌀을 20분간 익히고,

7 익은 쌀에 생크림(1~3컵)을 넣어 끓이다가 해물을 넣고 소금, 후춧가루로 간한 뒤 파르메산 치즈가루(2), 파슬리가루를 뿌려 마무리.

#향긋한 고기밥

대패나리밥 (대패삼겹살미나리덮밥)

- 경북 청도에서는 삼겹살을 구워 미나리와 같이 먹는대요.
- 덮밥 스타일로 바꿔봤는데 기대 이상이에요!
- 미나리를 듬뿍 넣어 향긋한 밥에 매콤하게 볶은 삼겹살을 푸짐하게~
- 비빔밥처럼 쓱쓱 비벼 먹어야 제대로랍니다. 도시락 메뉴로도 좋아요.

▶ Ingredients

1인분

필수 재료
미나리(5대), 대패삼겹살(1줌=100g), 따뜻한 밥(1공기)

양념장
고춧가루(0.5)+간장(0.5)+고추장(1)+올리고당(1)+참기름(0.5)+참깨(0.1)

Recipe ◀

아삭한 줄기만 사용했어요.

1 미나리와 대패삼겹살은 잘게 썰고,

2 대패삼겹살에 **양념장**을 넣고 버무려 10분간 재우고,

3 중간 불로 달군 팬에 식용유(약간)를 두르고 양념한 대패삼겹살을 넣어 3분간 볶고,

4 따뜻한 밥에 잘게 썬 미나리를 골고루 섞고,

5 그릇에 밥을 담고 볶은 고기를 올려 마무리..

▶ #햄을 튀튀 TT

햄카츠

- 돈가스가 생각날 땐 햄으로 간단하게 만들어보세요.
- 속까지 익힐 필요 없이 겉만 가볍게 튀기면 되고요.
- 냉장고 속 양념들로 소스와 드레싱도 확실하게! 바삭한 튀김옷 안에 두툼하게 썬 햄의 탱탱한 식감이 참 좋네요.
- 밥반찬은 당연하고 술안주로도 잘 어울려요

▶ **Ingredients** 1인분

필수 재료
양배추(3장), 스모크햄(1개=160g), 밀가루(½컵), 달걀물(1개), 빵가루(1컵)
Tip 달걀은 곱게 풀어 준비해요.

양념
돈가스소스(적당량)

마요네즈드레싱
식초(1)+다진 마늘(0.3)+마요네즈(1.5)

Recipe ◀

1 양배추는 곱게 채 썰고, 햄은 1cm 두께로 납작 썰고,

2 햄은 체에 받친 뒤 뜨거운 물을 부어 짠맛과 기름기를 빼고,

햄에 튀김옷이 잘 붙도록 달걀물과 빵가루를 2번 입혀요.

3 햄에 밀가루를 묻힌 뒤 달걀물 → 빵가루를 2번 입히고,

4 180℃로 달군 식용유(1컵)에 햄카츠를 넣어 노릇하게 튀긴 뒤 키친타월에 받쳐 기름기를 빼고,

돈가스소스에 연겨자를 곁들이면 느끼함을 잡아줘요.

5 그릇에 햄카츠와 양배추를 담고 **마요네즈드레싱**과 돈가스소스를 곁들여 마무리.

#도쿄식 혼술안주

머쉬룸갈릭

- '감바스 알 아히요'의 버섯 버전으로 도쿄 보라쵸 레스토랑의 대표 메뉴예요.
- 빵을 두 번이나 리필해가며 펼친 주인공의 먹방에 일부러 그곳을 찾는 사람이 있을 정도랍니다.
- 촉촉한 버섯만큼 마늘 향 솔솔 나는 국물이 진짜 별미!
- 간단한 와인 안주로 추천해요.

▶ Ingredients

2인분

필수 재료
바게트(½개), 양송이버섯(8개)

양념
소금(0.1), 다진 마늘(1.5), 올리브유(1컵), 파르메산 치즈가루(적당량), 파슬리가루(약간)

자세한 요리과정은
영상에서 확인하세요

Recipe ◀

1 바게트는 도톰하게 어슷 썰고, 양송이버섯은 꼭지를 떼고,

향이 금방 우러나도록 다진 마늘을 쓰는 게 포인트!

2 팬에 소금(0.1), 다진 마늘(1.5), 올리브유(1컵)를 부어 약한 불로 끓이고,

약한 불로 끓여야 마늘이 타지 않고 맛이 깊게 우러나요.

3 마늘 향이 올라오기 시작하면 양송이버섯을 넣고 마늘이 노릇해질 때까지 중약 불로 5분간 끓이고,

빵 대신 파스타를 삶아 곁들여도 좋아요.

4 파르메산 치즈가루와 파슬리가루를 뿌리고 바게트를 곁들여 마무리.

Plus recipe

감바스 알 아히요도 맛보세요!

3번 과정에서 양송이버섯 대신 손질한 대하(또는 중하 10마리)를 넣고 새우가 붉게 변하면 불을 꺼요. 새우는 금방 익기 때문에 바로 불을 꺼도 충분히 익는답니다. 이때 페페론치노(5개)를 함께 넣으면 매콤한 풍미가 더해져 더 맛있어요.

▶ #은근 매콤해

만두그라탱

- 아! 이거 은근히 맵네요?
- 핫소스를 한 숟가락 넣었거든요.
- 우리가 아는 그 토마토소스에 치즈는 필수 옵션!
- 매콤하게 핫소스로 느끼함 잡고 구운 만두를 넣어 씹는 맛도 쏠쏠해요.

▶ Ingredients

1인분

필수 재료
토마토(½개), 냉동 만두(4개), 슈레드 모차렐라치즈(½컵)

선택 재료
파슬리가루(약간)

이밥차에서는 매콤한 아라비아따 토마토소스를 사용했어요.

소스
후춧가루(0.1)+토마토소스(3)+핫소스(1)

▶자세한 요리과정은 영상에서 확인하세요.

Recipe ◀

1 토마토는 굵게 다지고,

2 토마토와 **소스**를 섞고,

3 중간 불로 달군 팬에 식용유(2)를 두르고 냉동 만두를 앞뒤로 3분간 구워 노릇하게 구워 꺼내고,

4 내열용기에 소스를 깔고 구운 만두를 올린 뒤 치즈를 뿌리고,

5 전자레인지에 2분간 돌리고 파슬리가루를 뿌려 마무리.

#우아한 와인 안주

프렌치어니언스프

- 값싼 양파로 우아한 프렌치 어니언수프를!
- 오늘은 와인을 넣어 제대로 맛을 냈어요.
- 꼭 비싼 와인이 아니라도, 요리용으로 저렴한 걸 구매하면 돼요.
- 달콤한 양파에 치즈가 녹진녹진~ 한 번 끓이면 세 식구가 든든하게 먹기 좋아요.

▶ Ingredients

3인분

필수 재료
양파(3개), 바게트(3조각), 화이트와인(1컵+약간), 그뤼에르치즈(적당량)

선택 재료
치킨스톡(1조각), 월계수잎(1장)

양념
버터(2), 밀가루(1), 다진 마늘(1)

▶ 자세한 요리과정은 영상에서 확인하세요

Recipe ◀

1 양파는 얇게 채 썰고,

2 약한 불로 달군 마른 팬에 바게트를 앞뒤로 2분간 굽고,

3 버터(2)를 두른 냄비에 양파를 넣어 양파가 갈색이 될 때까지 25분 이상 중간 불로 볶고,

4 화이트와인(약간)을 넣어 바닥에 붙은 것들을 긁어낸 뒤 밀가루(1)를 넣어 볶고,

화이트 와인이 진한 풍미를 내면서 새콤달콤한 맛을 내요.

5 치킨스톡, 다진 마늘(1), 월계수잎, 물(2½컵), 남은 화이트 와인을 넣어 10분간 끓이고,

6 월계수잎을 건진 뒤 수프를 그릇에 담고,

그득 넘치도록 치즈를 듬뿍 뿌리는 게 멋!

7 바게트를 올린 뒤 그뤼에르치즈를 갈아 뿌리고 190℃로 예열한 오븐에 5분간 구워 마무리.

▶ #요리 곰손도 만드는
간장연어장

 요즘 SNS에서 난리 난 메뉴!
밥 한 공기는 거뜬하다죠? 간장게장보다 만들기도 간단하고요.
하루만 숙성해도 금방 맛이 드니 긴 기다림도 필요 없어요.
노른자와 아보카도를 더해 덮밥으로, 팬에 구워 먹어도 은근 별미네요.

▶ **Ingredients**

4~5인분

필수 재료
양파(½개), 청양고추(2개), 생연어(500g)

선택 재료
가다랑어포(1줌), 레몬(½개), 홍고추(1개)

절임물 재료
대파(2대), 마늘(4쪽), 설탕(2), 물(1½컵), 간장(1컵), 맛술(¼컵)
Tip 양파 껍질이나 표고버섯, 다시마 등을 더해도 좋아요.

Recipe ◀

1 냄비에 **절임물 재료**를 넣어 끓어오르면 중약 불에서 5분간 끓이고,

얼음물을 받치거나 냉장실에 넣으면 더 빨리 식어요.

2 가다랑어포(1줌)를 넣어 5분간 우린 뒤 체에 걸러 차게 식히고,

3 레몬은 둥글게 납작 썰고, 양파는 채 썰고, 고추는 송송 썰고,

너무 작게 썰면 짤 수 있으니 도톰하게 썰어요.

4 연어는 가장자리의 하얀 기름기를 제거한 뒤 1cm 두께로 썰고,

5 밀폐용기에 손질한 재료를 담고 식힌 절임물을 부은 뒤 냉장실에서 12시간 이상 숙성해 마무리.
Tip 오래 둘수록 상하기 쉽고 짠맛이 강해지니 생으로는 이틀 안에 먹어요.

 #무가 설탕이 됐어요

무설탕떡볶이

👍 👎 ↗ ⬇ ≡+

🔴 설탕 대신 무로 단맛을 내는 맛집이 있었는데요. 여기서 영감을 받았어요.

🟣 설탕이 없어서 무(無)설탕. 무로 단맛을 내서 무설탕도 되지요.

⚪ 파는 것처럼 아주 달지 않아서 오히려 아이들 먹이기 좋아요.

▶ Ingredients

3인분

필수 재료
무(1⅓토막=200g), 양파(½개), 양배추(3장), 다시마(1장=10×10cm), 떡볶이떡(2½컵)

이밥차에선
치즈떡을 썼어요.

▶자세한 요리과정은
영상에서 확인하세요

선택 재료
사각어묵(2장), 깻잎(4장)

단호박이나 고구마가
있으면 넣어주세요.
더 달아져요.

양념장
고춧가루(1)+간장(1)+고추장(1)+다진 마늘(0.7)+후춧가루(약간)

Recipe ◀

1 무와 양파는 채 썰고, 양배추와 어묵,
   깻잎은 한입 크기로 썰고,

약한 불로 볶아야 단맛이
충분히 우러나와요.

2 넓은 팬에 채 썬 무를 넣어 중약 불로
   5분간 볶고,

3 무가 반투명해지면 양배추, 다시마,
   물(1⅓컵)을 넣어 끓어오르면
   다시마는 건져내고,

4 양파와 떡볶이떡, 어묵을 넣은 뒤
   양념장을 풀어 중간 불로 5분간 끓이고,

5 떡이 말랑해지고 국물이 자작해지면
   불을 끄고 깻잎을 올려 마무리.

 #저탄고지

아보버거

👍 👎 ↗ ⬇ ≡+

● 햄버거빵 대신에 아보카도를 통째 사용했어요.

● 한입 베어 물면 사르르~ 아보카도가 무너지며 신선한 연어샐러드가 터져 나와요.

● 레몬을 직접 짜 넣은 상큼한 드레싱이 느끼함도 잡아주네요.

▶ Ingredients

2인분

반죽 재료
오이(½개), 치커리(½줌), 토마토(¼개), 아보카도(2개), 훈제연어(6쪽)

레몬오일드레싱
레몬즙(3=½개 분량)+간장(0.5)+다진 양파(1)+올리브유(5)+꿀(1)

▶자세한 요리과정은 영상에서 확인하세요

Recipe ◀

1 오이는 감자칼로 길게 깎고, 치커리는 7cm 길이로 썰고, 토마토는 동그란 모양을 살려 얇게 썰고,

2 아보카도는 씨가 닿을 때까지 칼집을 넣어 반 갈라 씨를 빼 숟가락으로 과육만 파내고,

3 아보카도 → 토마토 → 오이 → 치커리 → 훈제연어 → 아보카도 순으로 얹고,

4 레몬오일드레싱을 곁들여 마무리.

▶ #어린이와 어른이가 사랑하는
바나나깍두기

- 매운 홍고추 대신 파프리카로 색을 낸 어린이용 깍두기.
- 바나나를 양념으로 사용하면 찹쌀풀 역할도 하고 은은한 단맛도 내줘요.
- 바나나를 으깨 넣어도 되지만 갈면 골고루 버무리기 좋아요.
- 맛도 어른용 깍두기보다 깔끔하고 시원하네요.

▶ **Ingredients**

4끼 분량

필수 재료
무(2토막=300g), 쪽파(4대), 빨간색 파프리카(⅓개), 양파(⅙개), 바나나(1개)

절임물
굵은 소금(1)+물(⅓컵)

양념
매실액(1), 새우젓(0.5), 다진 마늘(0.3), 고춧가루(1.5)

▶자세한 요리과정은 영상에서 확인하세요

> 달달한 겨울 무를 쓸 땐 매실액은 빼세요.

Recipe ◀

1 무는 사방 1.5cm로 깍둑 썰고,
   쪽파는 2cm 길이로 썰고,
   파프리카와 양파는 작게 썰고,

> 5분마다 고루 섞어주세요.

2 무는 **절임물**에 버무려 20분간 두고,

3 믹서에 파프리카와 양파, 바나나를 넣어 곱게 갈고,

4 곱게 간 재료에 매실액(1), 새우젓(0.5), 다진 마늘(0.3)을 섞어 양념장을 만들고,

> 고춧가루에 먼저 버무려야 깍두기에 색이 잘 배요.

5 무는 그대로 체에 밭쳐 물기를 뺀 뒤 고춧가루(1.5)를 버무려 색을 내고,

6 양념장과 쪽파를 넣어 한 번 더 버무리고 실온에서 2시간 숙성한 뒤 밀폐용기에 담아 냉장 보관해 마무리.

#단맛포텐이 터진다

파인애플구이

- 신맛 강한 파인애플을 구제하는 방법!
- 파인애플을 구우면 숨어 있던 단맛이 살아난답니다.
- 요거트크림소스를 더했더니 새콤달콤한 맛이 생과일과는 다른 매력이네요.
- 고기요리에 사이드 메뉴로 곁들여도 잘 어울려요.

▶ Ingredients

2인분

필수 재료
파인애플(¼개)

양념
설탕(4)

제과점에서 파는 휘핑한 생크림을 사용했어요.

요거트크림소스
레몬즙(0.7)+생크림(½컵)+플레인요거트(½컵)

▶자세한 요리과정은 영상에서 확인하세요

Recipe ◀

설탕을 묻혀서 구우면 겉이 노릇해지고 캐러멜 향이 더해져요.

1 손질한 파인애플은 막대 모양으로 썰어 설탕(4)을 묻히고,

2 **요거트크림소스**를 만들고,

3 중간 불로 달군 마른 팬에 파인애플을 얹어 양면을 4분간 구워 노릇하게 구운 뒤 소스를 곁들여 마무리.

▶ Plus Tip
파인애플 손질법

파인애플 손질법
사시사철 언제나 먹을 수 있고 맛과 영양이 풍부한 파인애플. 손질하기 어렵다고요? 맛있는 파인애플을 고르는 게 우선! 잎이 작고 단단하면서 색이 진하면 OK! 껍질이 ⅓ 정도 녹색에서 노란색으로 바뀌고 달콤한 향기가 나기 시작할 때 먹으면 돼요. 손질하기도 의외로 쉽고 간단합니다. 먼저 파인애플을 가로로 눕혀 잎 부분과 밑동을 잘라 평평하게 세운 뒤 껍질과 과육 사이에 칼을 넣어 껍질을 깎아내요. 이때 약간 두껍다는 느낌이 들도록 껍질을 벗겨야 더 깔끔해요. 껍질을 벗긴 파인애플은 길게 4등분하고 가운데 있는 딱딱한 심지를 세로로 잘라낸 뒤 원하는 모양으로 썰면 끝!

#푸짐한데 가격까지 착한

콩불

👍 👎 ↗ ⬇ ☰+

- 콩나물을 듬뿍 넣고 대패삼겹살과 함께 철판에 볶아 먹는 콩나물불고기는 착한 가격 때문에 대학가에서 특히 인기 있는 메뉴예요.
- 이밥차에선 새콤한 무생채와 깻잎을 더해 푸짐하게 만들어봤어요.
- 남은 국물엔 밥 볶아 먹는 것도 잊지 마세요!

▶ Ingredients

4인분

필수 재료
무(1½토막=230g), 소금(0.3), 콩나물(3줌), 대파(30cm), 깻잎(20장), 대패삼겹살(400g)

무 양념장
고춧가루(1)+설탕(0.7)+식초(1)

고기 양념장
고춧가루(2)+간장(2.5)+청주(1)+다진 마늘(1)+고추장(1)+매실청(2)+올리고당(1.5)+참기름(1)+부순 통깨(0.5)

매실청이 없으면 올리고당(1.5)을 더 넣어요.

볶음밥 재료
밥(2공기), 다진 김치(⅓컵), 김가루(½컵), 참기름(1)

Recipe ◀

1 무는 채 썰어 소금(0.3)에 버무려 15분간 절인 뒤 물에 헹궜다 물기를 꼭 짜 **무 양념장**에 버무리고,

고춧가루와 고추장으로 매운맛을 조절하세요.

2 **고기 양념장**을 만들고,

대파 채는 고기 살 때 정육점에서 얻거나 파채 칼을 이용하면 쉽게 만들 수 있어요.

3 콩나물은 꼬리를 떼고 씻어 체에 받쳐두고, 대파와 깻잎은 채 썰고,

4 팬이나 냄비에 콩나물을 깔고 대패삼겹살과 무생채, 대파, 깻잎, 고기 양념장을 올리고,

떡볶이 떡을 넣어도 좋아요.

5 중간 불로 저어가며 볶다가 고기와 채소가 익으면 건져 먹고,

6 남은 양념장에 **볶음밥 재료**를 넣고 볶아 마무리.

#입안에서 뒷동산이 느껴져

봄나물눈꽃튀김

- 다양한 봄나물을 활용해 바삭한 튀김을 만들어보세요.
- 오징어튀김처럼 튀김옷이 두꺼워지지 않게 반죽을 묽게 만들고 나물을 살짝만 적셔 기름에 흩뿌리듯 튀겨내세요.
- 바삭바삭 나물 향이 살아 있는 튀김이 된답니다.

▶ Ingredients

2인분

필수 재료
봄나물(2줌), 튀김가루(2컵)
🅣 이밥차에서는 두릅, 방풍, 냉이를 사용했어요.

선택 재료
송송 썬 청양고추(1개)

초간장
식초(1)+간장(3)

▶ 자세한 요리과정은 영상에서 확인하세요

Recipe ◀

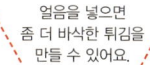
얼음을 넣으면 좀 더 바삭한 튀김을 만들 수 있어요.

1 봄나물은 깨끗이 씻어 체에 받치고, 튀김가루(1½컵)에 얼음(4~5개)과 찬물(1컵)을 넣어 섞고,
🅣 반죽은 주르륵 흐를 정도의 묽은 상태로 만드세요.

2 봄나물에 튀김가루(½컵)를 얇게 묻히고,

나무젓가락을 넣어 2~3초 뒤 기포가 생기면 적당한 온도예요.

3 튀김반죽을 골고루 묻혀 살짝 털어낸 뒤 180℃로 달군 식용유(5컵)에 튀기고,

4 키친타월에 올려 기름을 빼고,

Tip!
눈꽃튀김 모양 살리는 법
나물에 튀김가루를 얇게 골고루 묻힌 다음 묽게 만든 튀김반죽에 살짝 담갔다가 꺼내며 뭉친 부분은 털어내세요. 나물을 잎부터 튀김기름에 담그면서 위아래로 살짝 흔들어주면 튀김옷이 꽃처럼 퍼져요. 너무 오래 두면 튀김이 타니까 나물이 바삭해지고 단단해지면 바로 꺼내세요.

5 청양고추는 송송 썰어 씨를 털어내고 **초간장**에 섞은 뒤 튀김에 곁들여 마무리.

▶ #부산 비빔우동, 보고 있나?
소보로비빔우동

- 다진 돼지고기를 짭조름하게 볶은 뒤 우동면에 듬뿍 얹었어요.
- 고소한 노른자를 터뜨려 슥슥 비비면 돼지고기 소보로가 면에 착착 달라붙는답니다.
- 양념장에 된장을 조금 더했더니 감칠맛이 확 살아나네요!
- 느끼함은 알싸한 대파와 고춧가루가 잡아줘요.

▶ Ingredients

1인분

필수 재료
대파(7cm), 다진 돼지고기(½컵=75g), 우동면(1인분=200g), 달걀노른자(1개 분량)

선택 재료
고춧가루(적당량)

양념장
설탕(0.3)+간장(3)+다진 생강(0.1)+다진 마늘(0.3)+참기름(0.3)+된장(0.3)+부순 참깨(0.1)+후춧가루(약간)

자세한 요리과정은 영상에서 확인하세요.

Recipe ◀

1 대파는 송송 썰고,

2 돼지고기는 키친타월에 받쳐 핏물을 뺀 뒤 **양념장**의 절반만 넣어 버무리고,

물기 없이 포슬포슬 볶는 게 포인트! 물기가 생기면 센 불로 올려 빠르게 볶아주세요.

3 중간 불로 달군 팬에 식용유(1)를 두르고 고기를 넣어 덩어리지지 않도록 7분간 볶고,

4 끓는 물(3컵)에 우동면을 넣어 2분간 삶아 체에 밭쳐 물기를 빼고,

반숙 달걀프라이를 얹어도 좋아요.

5 그릇에 우동면을 담고 남은 양념장, 고기소보로, 달걀노른자, 대파, 고춧가루를 얹어 마무리.

 #언니들 취향저격! 고소한

라멘사라다

- 라면으로도 꽤 괜찮은 별미를 만들 수 있어요.
- 홋카이도에서 건너온 이 메뉴는 꼬들한 라면사리에 채소를 곁들이고 돼지고기로 포만감을 채웠답니다.
- 고소한 참깨드레싱이 부드럽게 재료를 감싸줘요.
- 자투리 채소를 처리하기도 좋죠?

▶ Ingredients

1인분

필수 재료
당근(⅓개), 대파(7cm), 얇게 썬 돼지고기(100g), 라면사리(1개)

선택 재료
적양배추(2장)

등심 또는 앞다릿살처럼
기름이 적은 부위를 추천!
샤브샤브용으로 손질해달라고 하세요.

양념
청주(1)

참깨드레싱
설탕(2), 소금(0.1), 참깨(5), 물(3), 식초(2), 간장(1), 마요네즈(5)

자세한 요리과정은
영상에서 확인하세요

Recipe ◀

1 당근과 적양배추는 얇게 채 썰고,

2 대파는 송송 썰어 찬물에 5분간
담갔다 건져 매운맛을 빼고,

3 끓는 물(4컵)에 돼지고기와 청주(1)를 넣고
7~8분간 익혀 건지고,

찬물에 비비면서
헹구면 전분이 빠져 면발이
더 쫄깃해요.

4 끓는 물(3컵)에 라면사리를 넣어
4분간 삶은 뒤 찬물에 헹구고,

5 **참깨드레싱**을 믹서에 넣어
곱게 갈고,

6 그릇에 라면사리를 담고 손질한 재료를
올린 뒤 참깨드레싱(4)을 뿌려 마무리.

#시금치로 집밥하기

된장고추장시금치나물

- 서리를 맞고 자란 겨울 시금치는 영양 덩어리라고도 하죠.
- 특히 뿌리에는 철분 등의 영양이 풍부하기 때문에 버리지 말고 함께 먹는 것이 좋아요.
- 평소 참기름에 담백하게 무쳐만 먹었다면 고추장을 살짝 더해 색다르게 즐겨보세요.
- 매콤하면서도 부드러운 고추장양념이 감칠맛을 살려줘요.

▶ Ingredients

2인분

필수 재료
시금치(1단)

양념
소금(0.5)

양념장
고추장(1)+다진 마늘(0.3)+참기름(0.5)+참깨(0.2)

▶자세한 요리과정은 영상에서 확인하세요

Recipe ◀

1 끓는 소금물(물10컵+소금0.5)에 시금치의 뿌리 쪽부터 넣어 10초간 데친 뒤 찬물에 헹궈 물기를 꼭 짜고,

2 먹기 좋은 길이로 등분하고,

3 양념장을 고루 섞고,

4 시금치에 양념장을 넣고 간이 배도록 주물러가며 무쳐 마무리.

▶ Plus recipe

시금치 품은 달걀 시금치달걀말이(2인분)

요리하고 남은 시금치가 있다면 달걀말이에 넣어보세요.
부드럽게 씹히는 것은 물론이고 노란 달걀에 초록의 시금치가 보기에도 예뻐요.

필수 재료 시금치(1단), 달걀(4개)　**양념** 소금(약간), 후춧가루(약간)
밑간 참기름(0.5), 소금(약간), 후춧가루(약간)

1 시금치는 소금(약간)을 넣은 물에 살짝 데쳐 찬물에 헹궈 물기를 짠 뒤 밑간하고.
2 달걀은 풀어 소금, 후춧가루로 간하고,
3 약한 불로 달군 팬은 식용유를 묻힌 키친타월로 고루 닦고 달걀물의 반을 부은 뒤 시금치를 올리고,
4 달걀이 익기 시작하면 천천히 말아준 뒤 나머지 달걀물을 부어 다시 말고,
5 완성된 달걀말이는 김발에 올려 말아 모양을 잡은 뒤 식혀 먹기 좋게 썰어 마무리.

#간단해도 너무 간단한

간장국수

- 끼니 때우면서 술도 마시고 싶을 때 완벽한 메뉴예요.
- 간장국수에 골뱅이와 김가루를 듬뿍 더해 참기름을 한 바퀴 슥~
- 골뱅이무침의 고소한 버전으로 아이들도 먹기 좋아요!

▶ Ingredients

2인분

필수 재료
양파(⅓개), 애호박(⅓개), 당근(⅕개), 소면(2줌)

선택 재료
청양고추(1개), 통조림 골뱅이(⅓컵=60g), 김가루(½컵)

양념
소금(0.1), 참깨(약간)

양념장
설탕(0.7)+간장(4.5)+참기름(3.5)

Recipe ◀

1 양파, 애호박, 당근은 채 썰고,
청양고추는 송송 썰고,
골뱅이는 굵게 다지고,

2 끓는 물(6컵)에 소면을 넣어
센 불에 4분간 삶고,
Tip 파르르 끓어오를 때 찬물(⅓컵)을 부어요.
총 3번 반복하면 딱 알맞게 익어요.

3 전분기가 빠지도록 찬물에 2~3번
비벼 씻은 뒤 체에 밭치고,
Tip 전분기가 충분히 빠져야
면끼리 붙지 않고 더 쫄깃해요.

4 중간 불로 달군 팬에 식용유(1)를 두른 뒤
양파, 애호박, 당근에 소금(0.1)을
뿌려가며 1분 30초간 볶고,

5 볼에 삶은 면, 볶은 채소, 고추,
양념장을 넣어 고루 버무리고,

6 그릇에 담고 골뱅이, 김가루, 참깨를
올려 마무리.

#바삭함이 생명

도넛김치전

- 전 부칠 때 도넛 모양으로 반죽을 구우면 가운데까지 바삭바삭하답니다.
- 또 부침가루 대신 튀김가루를 쓰는 것도 방법!
- 늘 먹던 초간장 대신 마요네즈에 찍어 먹어도 진짜 맛있어요.

▶ Ingredients

1인분

필수 재료
김치(2장), 김칫국물(3), 튀김가루(⅔컵)

선택 재료
청양고추(1개), 마요네즈(적당량)

▶자세한 요리과정은 영상에서 확인하세요

Recipe ◀

1 김치는 굵게 다지고, 청양고추는 송송 썰고,

2 볼에 김치와 김칫국물(3), 청양고추, 튀김가루(⅔컵)를 섞고,

3 찬물(1컵)을 조금씩 붓고,

농도는 주르륵 흐르는 정도가 딱 적당해요.

4 마른 가루가 보이지 않을 정도만 섞고,

5 중간 불로 달군 팬에 식용유(2)를 두른 뒤 도넛 모양으로 반죽을 얹고,

중간 중간 식용유를 더 둘러주세요.

6 바닥이 노릇해지면 뒤집어 바삭하게 구운 뒤 마요네즈를 곁들여 마무리.

 #밥과 면을 동시에

라면리소토

 맛이 없을 수 없는 라면스프와 치즈 조합으로 또 한 끼 해냅니다.

불 없이 전자레인지로 조리 가능.

짭조름한 간이 배어든 밥과 면발에 치즈가 짠맛을 덮어주니 쿵짝이 잘 맞죠?

▶ Ingredients

1인분

필수 재료
매운맛 라면(1봉), 찬밥($\frac{1}{4}$컵), 슈레드 모차렐라치즈(1봉=100g)

선택 재료
양송이버섯(1개), 파슬리가루(약간)

▶자세한 요리과정은 영상에서 확인하세요

Recipe ◀

1 버섯은 납작 썰고,

2 라면은 잘게 부순 뒤 찬밥($\frac{1}{4}$컵), 동봉된 라면스프(1봉)와 함께 내열용기에 담고,

물 대신 우유를 넣어도 맛있어요.

3 재료가 잠길 정도로 물을 붓고,

4 전자레인지에 6분간 돌려 골고루 섞고,

5 버섯과 모차렐라치즈(1봉)를 올리고,

6 전자레인지에 치즈가 녹을 때까지 3분 30초간 돌린 뒤 파슬리가루를 뿌려 마무리.

 #혼술 가즈아

닭다리간장조림

- 딱 봐도 맛이 상상되시죠?
- 겉면을 바싹 굽고 달콤짭짤하게 졸여 입에 쫙 붙어요.
- 닭다리를 속까지 제대로 익히는 게 관건!
- 칼집을 깊게 넣어 미리 데치고 골고루 구워주세요.

▶ Ingredients

1인분

필수 재료
닭다리(3개)

밑간
맛술(3), 후춧가루(약간)

간장소스
청주(2)+물(4)+간장(3.5)+다진 마늘(0.5)+참기름(0.3)+물엿(3)

Recipe ◀

1 닭다리는 칼집을 넣고 **밑간**해 10분간 재우고,

2 **간장소스**를 만들고,

3 끓는 물(5컵)에 닭다리를 8분간 데친 뒤 체에 밭쳐 물기를 빼고,

겉껍질을 바싹 익혀야 맛있어요.

4 센 불로 달군 팬에 식용유(4)를 둘러 겉이 노릇해지도록 굽고,

중간중간 간장소스를 끼얹어요.

5 간장소스를 붓고 중약 불에서 소스가 골고루 스며들 때까지 조려 마무리.

#황금비율 양념장이 궁금해

오징어굴소스볶음

👍 👎 ↗ ⬇ ☰+

🔴 담백한 오징어와 채소를 넉넉히 넣고 굴소스로 맛을 냈더니 간단하지만 근사한 요리가 되었어요.
🔵 오징어와 양파만 넣어도 맛있지만 좀 더 특별한 반찬을 원한다면 아스파라거스로 맛과 멋을 살려보세요.

▶ Ingredients

4인분

필수 재료
양파(½개), 붉은피망(½개), 오징어(1마리)

선택 재료
아스파라거스(5개)

양념장
간장(1)+굴소스(0.7)+고추기름(0.5)+후춧가루(약간)

양념
소금(0.3), 참기름(0.5), 참깨(약간), 후춧가루(약간)

Recipe ◀

1 아스파라거스를 끓는 소금물(물3컵+소금0.3)에 살짝 데쳐 찬물에 헹군 뒤 어슷 썰고, 양파와 피망은 굵게 채 썰고,

2 오징어는 몸통을 펼쳐 반 가른 뒤 안쪽에 X자로 잔 칼집을 넣어 먹기 좋은 크기로 썰고, **양념장**도 만들고,

3 중간 불로 달군 팬에 식용유(1)를 두른 뒤 양파나 오징어를 볶다가 오징어가 익으면 피망과 아스파라거스를 넣어 살짝 볶고,

4 양념장을 넣고 간이 잘 배도록 섞은 뒤 참기름(0.5)과 참깨, 후춧가루를 뿌려 마무리.

 #든든한 도시락 반찬

콘맛살달걀구이

👍 👎 ↗ ⬇ ☰+

- 두툼한 두께에 알차게 채워 넣었어요!
- 갖은 재료들의 씹는 맛도 너무 좋네요.
- 소스로는 가볍게 케첩도 좋고요. 데리야키소스처럼 묵직한 종류도 잘 어울려요.

▶ Ingredients

2~3인분

필수 재료
파프리카(⅓개), 양파(⅓개), 맛살(3줄=100g), 통조림 옥수수(⅓컵), 달걀(4개)
🅣🅘🅟 파프리카 대신 당근, 양배추 등 자투리채소를 사용해도 좋아요.

양념
소금(0.1), 후춧가루(약간)

▶자세한 요리과정은 영상에서 확인하세요

Recipe ◀

1 파프리카와 양파는 채 썰고, 맛살은 굵게 찢고,

2 통조림 옥수수는 체에 밭쳐 물기를 빼고,

3 달걀에 **양념**을 넣어 곱게 푼 뒤 손질한 재료를 섞고,

4 중간 불로 달군 작은 팬에 식용유(1)를 두르고 달걀 반죽을 부어 3분간 젓가락으로 저어가며 익히고,

5 달걀물이 몽글몽글 반 정도 익으면 잠시 두어 전체적으로 단단해지면 뒤집고,

6 겉이 노릇하게 익으면 먹기 좋게 썰어 마무리.

▶ #홈파티 추천 메뉴

에그인뽀빠이

- 용암처럼 펄펄 끓는 소스에 시금치와 달걀을 올려 브런치처럼 모양이 화려해졌어요.
- 건더기가 푸짐하고 영양도 만점!
- 새콤한 소스에 시금치가 자연스럽게 어우러져 푹푹 퍼먹게 돼요.

▶ Ingredients

3인분

필수 재료
시금치(½줌), 양송이버섯(2개), 마늘(6쪽), 양파(½개), 베이컨(4줄), 프랑크 소시지(2개), 달걀(3개)

선택 재료
할라피뇨(2개), 파르메산 치즈가루(1)

양념
올리브유(2), 소금(약간), 후춧가루(약간), 시판 토마토소스(3½컵)

🅣🅘🅟 토마토소스가 너무 시큼하면 설탕을 약간 넣어도 좋아요.

자세한 요리과정은 영상에서 확인하세요.

Recipe ◀

1 시금치는 뿌리를 잘라 먹기 좋게 뜯고,

2 양송이버섯과 마늘은 납작 썰고, 양파는 채 썰고,

3 할라피뇨는 송송 썰고, 베이컨, 소시지는 2cm 폭으로 썰고,

4 센 불로 달군 팬에 올리브유(2)를 둘러 마늘을 볶다가 향이 올라오면 양파를 넣어 3분간 볶고,

5 양파가 반투명해지면 베이컨, 소시지, 버섯을 넣고 소금, 후춧가루를 뿌려 2분간 볶고,

6 토마토소스, 할라피뇨를 넣어 1분간 끓인 뒤 달걀을 넣고 뚜껑을 덮어 5분간 끓이고,

7 달걀이 반숙으로 익으면 군데군데 시금치를 얹고 파르메산 치즈가루(1)를 뿌려 마무리.

바게트를 소스에 찍어 먹으면 맛있어요.

▶ #자꾸 자꾸 끌리는
나폴리탄스파게티

- 만화 <심야식당>의 대표 메뉴! 이름과 달리 나폴리에는 없는 일본식 파스타예요.
- 양파와 소시지는 필수. 소스는 케첩 하나면 된답니다.
- 촌스러운 듯 정겨운 맛에 자꾸만 먹고 싶어져요.
- 만들기도 간단해 야식으로도 좋고요. 달걀프라이를 곁들여도 잘 어울려요.

▶ **Ingredients**　　　　　　　　　　　　　　　　　　　　　2인분

필수 재료
스파게티(2줌=180g), 양파(⅓개), 피망(½개), 프랑크 소시지(1개), 달걀(2개)

양념
소금(0.5), 케첩(7), 버터(1)

▶ 자세한 요리과정은 영상에서 확인하세요

Recipe ◀

1 끓는 소금물(물5컵+소금0.5)에 소금(0.5)과 스파게티를 넣어 7분간 삶아 건지고,

2 양파와 피망은 채 썰고, 소시지는 어슷 썰고,

3 센 불로 달군 팬에 식용유(1)를 둘러 양파, 피망, 소시지를 3분간 볶고,

4 양파의 가장자리가 투명해지면 중간 불로 줄여 케첩(7)을 넣어 2분간 볶고,

후춧가루를 넣으면 더 맛있어요.

5 스파게티를 넣어 모든 재료가 잘 버무려지도록 볶고,

철판이 없다면 프라이팬으로!

6 달궈둔 철판에 버터(1)를 녹인 뒤 달걀을 풀어 붓고 반 정도 익으면 스파게티를 얹어 마무리.

#집에서도 손쉽게

삼계탕

1 찹쌀은 씻어서 30분간 불리고,

꽁지를 너무 크게 잘라내면 속 재료가 고정되지 않고 흘러나와요.

2 닭은 3cm만 남기고 목을 자르고, 날개 끝과 꽁지 끝, 기름기가 많은 부분을 자른 뒤 겉과 배 안쪽을 깨끗이 씻고,

▶ Ingredients

2인분

필수 재료
찹쌀(⅓컵), 닭(1마리=500g), 마늘(4쪽), 수삼(1뿌리), 전복(1마리)

선택 재료
대추(3개), 껍질 깐 밤(2개), 황기(1대), 생강(1톨)

양념
소금(약간), 후춧가루(약간)

▶ 자세한 요리과정은 영상에서 확인하세요

Recipe ◀

찹쌀은 속의 70% 정도만 채워요. 너무 많이 넣으면 열이 잘 전달되지 않아 닭고기가 잘 익지 않아요. 밤, 대추 등으로 공간을 만들어줘야 닭 속에 열이 잘 스며들어요.

3 닭 속에 대추(2개) → 찹쌀 → 마늘(2쪽) → 밤(1개) → 수삼 순서로 집어넣고,

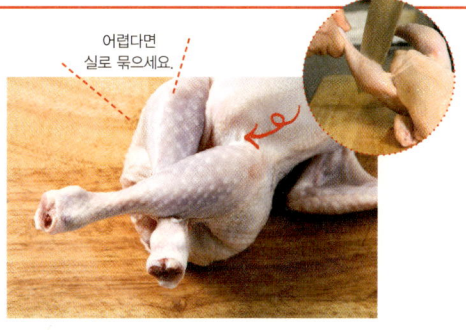

어렵다면 실로 묶으세요.

4 다리 한쪽 옆에 칼집을 2cm 길이로 넣어 다른 쪽 다리를 그 안으로 넣어 다리를 꼬고,

5 전복은 솔로 앞뒤를 깨끗이 닦은 뒤 물에 깨끗이 헹구고,

처음엔 닭 누린내가 빠져나가도록 뚜껑을 열고 끓이세요.

6 냄비에 닭과 남은 대추, 마늘, 밤, 황기, 생강, 전복을 넣고 물(4컵)을 부어 중간 불로 끓이고,

7 물이 끓으면 뚜껑을 열어 5분, 뚜껑을 닫아 중약 불에서 40분간 끓이고,

간은 취향에 맞게! 고기를 찍어 먹어도 좋고요. 대파를 송송 썰어 올려도 맛있어요.

8 기름기를 걷어낸 뒤 소금, 후춧가루를 곁들여 마무리.

▶ #딱 알맞게 짜고 고소해

명란크림우동

- 연희동 이밥차 요리연구소 근처에 끝내주는 우동 맛집이 있어요.
- 짭조름하고 고소하고 깔끔한 그 크림우동.
- 저희도 너무 맛있어서 만들었습니다.

▶ Ingredients

2인분

필수 재료
마늘(3쪽), 명란젓(1개), 우동면(1봉지), 우유(1⅓컵)

선택 재료
어린잎채소(⅓줌), 페페론치노(2개)

양념
버터(0.5), 쯔유(2), 소금(약간), 후춧가루(약간)

▶ 자세한 요리과정은 영상에서 확인하세요

Recipe ◀

1 어린잎채소는 깨끗이 씻어 체에 밭치고, 마늘은 납작 썰고, 명란젓은 반으로 갈라 속만 살살 긁어 모으고,

면을 넣고 40초 후 살살 풀어주세요.

2 끓는 물(4컵)에 우동면을 넣어 1분 30초간 삶은 뒤 체에 밭치고,

3 센 불로 달군 팬에 버터(0.5)를 둘러 마늘과 페페론치노를 넣어 볶고,

4 마늘향이 올라오면 우유를 부어 끓어오르면 명란젓 절반을 넣어 고루 풀고,

5 면을 넣고 쯔유(2), 소금, 후춧가루로 간해 1분간 끓이고,

6 그릇에 담고 어린잎채소와 남은 명란젓을 올려 마무리.

#배달 대신 홈메이드

허니윙

- 딱 먹을 만큼만 후다닥 만드니 남길 걱정이 없네요!
- 달콤 짭조름한 허니소스가 입에 착착 붙어요.
- 바삭함이 오래가 식어도 맛있어요.

▶ Ingredients

1인분

필수 재료
닭날개(8개), 부침가루(3), 전분(5)

선택 재료
다진 땅콩(적당량)

밑간
소금(0.1), 후춧가루(0.2), 소주(2), 다진 생강(0.2)

허니소스
물(1.5), 간장(1.5), 꿀(2)

Recipe ◀

1 닭날개는 **밑간**에 버무려 10분간 두고,

2 비닐백에 부침가루(3)와 전분(5), 닭날개를 넣고 흔들어 고루 묻히고,
   비닐백을 사용하면 가루도 잘 묻고 설거지도 줄어요.

3 팬에 식용유(⅔컵)를 붓고 중간 불로 달군 뒤 닭날개를 넣어 앞뒤로 5분간 노릇하게 튀기듯 굽고,
   중간 불에서 충분히 구워야 속까지 잘 익어요.
   Tip 전분을 떨어트렸을 때 곧바로 떠오르면 알맞은 온도예요.

4 다른 팬에 물(1.5)과 간장(1.5)을 넣어 중간 불에서 끓어오르면 꿀(2)을 넣고,
   꿀이 없다면 동량의 올리고당을 넣어요.

5 튀긴 닭날개를 넣어 재빨리 버무리고,

6 그릇에 담고 다진 땅콩을 뿌려 마무리.

▶ #아재 입맛도 사로잡는

매콤바지락파스타

- 봉골레 파스타에 두반장 양념과 청양고추를 넣어 매콤함을 더했어요.
- 감칠맛 나는 바지락이 맛을 더 시원하게!
- 꼬불꼬불 쫀득한 푸실리는 포크로 콕 찍어 먹기 편하고요.
- 바지락살 발라먹는 재미도 있어요.

▶ Ingredients

1인분

필수 재료
바지락(1봉=150g), 양파(¼개), 마늘(4쪽), 푸실리(1½컵)

선택 재료
청양고추(1개)

마트에서 해감한 것을 구입할 수 있어요.
집에 있는 다른 파스타면을 넣어도 좋아요.

양념
소금(1), 올리브유(2), 맛술(1.5), 간장(0.3), 두반장(0.7)

▶ 자세한 요리과정은 영상에서 확인하세요

Recipe ◀

1 바지락은 흐르는 물에 가볍게 헹구고,
Tip 해감하지 않은 바지락은 소금물(물3컵+소금0.5)에 담가 포일을 씌운 뒤 냉장실에 40분간 두었다 사용해요.

2 양파는 굵게 다지고, 마늘은 납작 썰고, 고추는 송송 썰고,

3 냄비에 물(4컵), 소금(0.5)을 넣어 끓어오르면 푸실리를 넣어 7분간 삶아 건지고, 면 삶은 물(⅓컵)은 남기고, Tip 파스타 종류에 따라 삶는 시간이 달라요. 포장지 뒷면을 확인해 적정 시간보다 1분 정도 덜 삶아요.

4 센 불로 달군 팬에 올리브유(2)를 두르고 양파, 마늘을 넣어 가볍게 볶다가 바지락, 고추를 넣어 3분간 볶고,

5 맛술(1.5), 간장(0.3), 두반장(0.7)을 넣어 2분간 볶은 뒤 면 삶은 물(⅓컵)을 넣고 중간 불로 줄이고,

6 바지락 입이 모두 벌어지면 푸실리를 넣어 국물이 자작해질 때까지 1분간 볶아 마무리.

▶ #개운함을 장착

오로시돈가스

- 오로시는 강판에 갈았다는 뜻의 일본어예요.
- 돈가스 위에 간 무를 듬뿍 올리면 바삭하고 촉촉해요~
- 쉽게 눅눅해질 수 있으니 최대한 빨리 드세요.

▶ Ingredients

1인분

필수 재료
양배추(3~4장), 깻잎(3장), 시판 돈가스(2장), 무(1토막=150g)

선택 재료
쪽파(1대)

소스
쯔유(⅓컵)+고추냉이(0.5)

▶자세한 요리과정은 영상에서 확인하세요

Recipe ◀

1 양배추와 깻잎은 곱게 채 썰어 찬물에 담가두고, 쪽파는 송송 썰고,

2 170℃로 달군 식용유(1½컵)에 돈가스를 노릇하게 튀긴 뒤 키친타월에 밭쳐 기름기를 빼고,

나무젓가락을 넣어 3~4초 뒤 기포가 올라오면 적당한 온도예요.

3 무는 강판에 갈아 건더기만 건지고,

4 그릇에 양배추, 깻잎, 돈가스를 담고 간 무와 쪽파를 올린 뒤 **소스**를 곁들여 마무리.

Tip 쯔유는 취향에 따라 위에 뿌리거나 찍어 먹어요.

▶ #폭염탈출! 초간단

백숙

 술을 잔뜩 마시고 다음날 일어나 어머니의 닭백숙을 먹으면 속이 확 풀리거든요.
시원하고 담백하니 국물이 정말 끝내줘요!
어쩌면 어머니의 닭백숙을 더 맛있게 먹고 싶어서 그렇게 술을 많이 마시는 건지도 모르겠어요.

▶ Ingredients

3인분

필수 재료
닭(1마리=1.2kg), 마늘(20쪽), 대추(10개), 양파(1개), 불린 찹쌀(1컵)

선택 재료
황기(1뿌리), 헛개나무(10g), 엄나무(10g), 소금(1), 후춧가루(약간)

한방재료는 취향에 따라 선택해 사용하세요.

▶자세한 요리과정은 영상에서 확인하세요

Recipe ◀

1 닭은 꽁지를 잘라내고 기름기를 떼어낸 뒤 깨끗이 씻고,

2 마늘은 꼭지를 떼고, 대추는 깨끗이 씻고, 양파는 4등분하고,

3 닭 속에 마늘(5쪽) → 불린 찹쌀 → 대추 → 마늘(5쪽) 순으로 넣고 닭의 발목에 칼집을 넣은 뒤 그 사이에 다른 쪽 다리를 집어넣고.

닭백숙용 한방재료모둠을 사용하면 편리해요. 마트에서 구입할 수 있어요.

4 큰 냄비에 닭과 한방재료, 남은 마늘(10쪽)과 대추, 양파를 넣고 닭이 완전히 잠길 정도로 물을 붓고,

중간에 물이 졸아 국물이 부족하면 끓는 물을 넣어주세요.

소금(1)에 후춧가루(약간)를 섞어 닭고기를 찍어 먹어요.

5 센 불에서 물이 끓으면 약한 불로 줄이고 기름을 걷어가며 1시간 30분 정도 끓여 마무리.

#초호화 자취요리

참치오므라이스

- 새콤한 케첩이 배어든 밥알 사이로 촉촉한 참치가 마구 뒹구는 추억의 맛!
- 재료도 집에 다 있는 거~
- 여기에 굴소스를 살짝 더해 감칠맛을 살렸어요.
- 참! 지단으로 감싸기 힘들면 그냥 툭 얹어 먹어요.

▶ Ingredients

1인분

필수 재료
양파(⅓개), 대파(1대), 달걀(2개), 통조림 참치(1캔=100g), 미지근한 밥(⅔공기)
🅣 애호박, 버섯, 파프리카 등 집에 있는 자투리채소를 활용하세요.

선택 재료
당근(⅙개)

양념
소금(0.1), 굴소스(0.3), 케첩(2+적당량), 파슬리가루(약간)

▶자세한 요리과정은 영상에서 확인하세요

Recipe ◀

1 양파와 당근은 다지고, 대파는 송송 썰고,

2 달걀은 소금(0.1)을 넣어 곱게 풀고,

달걀물이 ⅔이상 익으면 살살 뒤집어서 30초 더 익혀요.

3 중간 불로 달군 팬에 식용유(0.7)를 두른 뒤 달걀물을 얇게 부어 지단을 부쳐 꺼내고,

참치기름을 넣으면 고소해요. 식용유(1)를 써도 돼요.

4 같은 팬에 참치기름을 두른 뒤 손질한 채소를 2분간 볶고,

굴소스의 비린 맛과 케첩의 신맛이 날아가도록 센 불로!

5 센 불로 올려 밥(⅔공기)과 참치, 굴소스(0.3), 케첩(2)을 넣어 2분간 볶고,

취향에 따라 케첩과 파슬리가루를 사르르~

6 그릇 위에 지단을 올리고 한쪽에 볶음밥을 올린 뒤 반으로 접어 마무리.

▶ #식욕 강제 소환

삼빔면

👍 👎 ↗ ⬇ ≡+

- 매콤새콤한 비빔면에 무려, 고기라니!!! 맛이 없을 수 없는 삼겹살비빔면이에요.
- 김치 썰려면 양념이 묻고 귀찮으니까 빼고, 고기쌈 하려고 사놓은 상추로 대신 했어요.
- 액젓으로 감칠맛을 살린 양념장은 냉장실에서 1주일은 거뜬!
- 언제고 면만 삶아 비벼 드세요.

▶ Ingredients

1인분

필수 재료
소면(1줌), 대패삼겹살(1½줌=150g)

선택 재료
청상추(3장)
Tip 김치, 오이를 넣어도 맛있어요!

양념장
설탕(1)+고춧가루(1)+식초(2.5)+액젓(0.7)+물(1)+
다진 마늘(0.5)+고추장(1)+참기름(0.5)
Tip 액젓은 간장(0.7)으로 대체 가능! 미리 만들어둘 땐 참기름은 빼고 요리할 때 넣으세요.

양념
참깨(0.3)

▶ 자세한 요리과정은 영상에서 확인하세요

Recipe ◀

미리 섞어야 고춧가루가 불어 맛이 좋아요.

1 큰 볼에 **양념장**을 만들고, 상추는 돌돌 말아 굵게 채 썰고,

2 끓는 물(5컵)에 소면을 넣어 4분간 삶고,
Tip 파르르 끓어오를 때 찬물(⅓컵)을 부어주세요. 총 3번 반복하면 딱 알맞게 익어요.

전분기가 빠지도록 여러 번 주물러 씻어요.

3 찬물로 비벼 씻은 뒤 체에 밭치고,

4 팬에 대패삼겹살을 구운 뒤 키친타월에 밭쳐 기름기를 빼고,

5 양념장에 소면과 상추를 버무려 그릇에 담고,

6 대패삼겹살을 곁들이고 참깨를 뿌려 마무리.

Youtube

▶

PART 3
맛있으면 0kcal
취향저격 디저트

#초간단 홈메이드

딸기청

▶ **Ingredients**　　　　　　　　　　　　　　　　　900㎖ 분량

필수 재료
씻은 딸기(1팩=500g), 설탕(5컵=500g)

딸기와 설탕은 같은 양을 넣어요.

▶자세한 요리과정은 영상에서 확인하세요

실온에 하루 동안 숙성시킨 뒤 냉장 보관하세요. 3일 후 먹으면 가장 맛있어요.

남은 물기는 곰팡이의 원인!

1 딸기를 키친타월에 올려 물기를 제거한 뒤 꼭지를 떼고,

2 5mm 두께로 썰고,

3 병 속에 설탕→딸기→설탕 순으로 넣은 뒤 뚜껑을 덮어 마무리.

▶ #진짜가 나타났다!
리얼딸기우유

▶ **Ingredients** 2인분

필수 재료
씻은 딸기(8개), 딸기청($\frac{1}{4}$컵), 우유(2컵)

1 믹서에 딸기, 딸기청, 우유를 넣어 곱게 갈아 마무리.

▶ #춘곤증 날리는 비타민 한 잔
딸기스쿼시

▶ **Ingredients** 손으로 살짝 비비면 향이 진해져요. 2인분

필수 재료
딸기청($\frac{1}{2}$컵), 탄산수(2컵)

선택 재료
레몬($\frac{1}{4}$개), 애플민트(1줄기)

1 딸기청과 탄산수를 섞고,
2 레몬즙을 짜 넣고 애플민트를 올려 마무리.

#수박 없는 수박바는 안녕

리얼수박바

- 이건 무늬만 수박바가 아니에요.
- 수박을 그대로 갈아 맛과 향이 제대로 살아 있거든요.
- 키위로 초록색을 더하면 모양까지 수박 그 자체!
- 사먹는 것보다 건강해서 아이들 간식으로도 찜~

▶ Ingredients

6개 분량

필수 재료
수박(3컵), 키위(2개)

양념
꿀(1), 레몬즙(0.5)

▶자세한 요리과정은 영상에서 확인하세요

Recipe ◀

1 수박은 한입 크기로 잘라 씨를 빼고,

키위씨가 갈리지 않도록 믹서에 가볍게 갈아도 좋아요.

2 키위는 껍질을 벗겨 포크로 곱게 으깨고,

수박의 당도에 따라 꿀의 양을 조절해요.

3 믹서에 수박, 꿀(1), 레몬즙(0.5)을 넣어 곱게 갈고,

너무 짧게 얼리면 키위가 가라앉고, 너무 오래 얼리면 아이스크림 막대가 안 들어가요.

4 아이스크림틀에 수박 간 것을 80% 정도 담고 1시간 정도 얼린 뒤 으깬 키위를 얹고,

5 아이스크림 막대를 꽂아 3~4시간 정도 더 얼려 마무리.

▶ #별다방 커피프라페를 반값에

자바칩커피프라페

- 별다방에서 악마의 음료라고 불리는 자바칩프라프치노를 집에서 만들어 보세요.
- 가격은 절반 수준, 맛은 내 마음대로!
- 복잡한 주문 필요 없이 내 입맛대로 즐길 수 있답니다

▶ **Ingredients**　　　　　　　　　　　　　　　　　　　　1인분

필수 재료
믹스커피(2봉=24g), 시판 초콜릿(1개=34g), 얼음(7개), 바닐라아이스크림(1컵+1스쿱)

초콜릿 또는
커피맛 아이스크림을
사용해도 좋아요.

Recipe ◀

1 뜨거운 물(½컵)에 믹스커피를 고루 섞어 미지근하게 식히고,

2 초콜릿은 굵게 다지고,

3 믹서에 다진 초콜릿과 커피, 얼음, 바닐라아이스크림(1컵)을 넣고 곱게 갈아 컵에 담은 뒤 아이스크림(1스쿱)을 얹어 마무리.

#카페맛을 집에서

핫초코스틱 (아몬드초코쿠키)

- 가루 대신 스틱으로 달달한 하루를 만들어 보세요.
- 데운 우유에 넣어 살살 젓기만 해도 녹아드니 보기만 해도 힐링되는 느낌!
- 깊고 진한 초콜릿 풍미가 참 좋답니다.

▶ Ingredients

20개 분량

필수 재료
다크커버처(초콜릿 4½컵=450g), 카카오파우더(½컵), 설탕(1컵), 소금(약간), 나무 막대(20개)
Tip 나무 막대는 제과제빵 재료상이나 인터넷 쇼핑몰에서 구입할 수 있어요.

선택 재료
바닐라에센스(0.5)
Tip 동량의 계핏가루나 인스턴트 커피가루를 넣어도 좋아요.

Recipe ◀

1 다크커버처초콜릿은 잘게 다진 뒤 중탕해 녹이고,

2 녹인 초콜릿과 가루 재료, 바닐라에센스(0.5)를 골고루 섞고,

3 짤주머니에 넣어 얼음틀에 ⅔ 정도 채우고,

4 실온에서 반 정도 굳으면 나무 막대를 꽂고 완전히 굳혀 틀에서 빼 마무리.
Tip 막대를 꽂은 뒤 마시멜로, 캐러멜, 소금 등을 올려 굳히면 다양한 맛의 핫초코를 즐길 수 있어요.

#놀이동산에서 먹던 맛

츄러스

- 달걀과 버터의 고소함과 촉촉함이 남다른 홈메이드 츄러스!
- 집에서 깨끗한 기름에 튀겨 만드니 속 편하네요.
- 겉은 바삭 속은 촉촉해 계핏가루와 설탕만 더해도 참 맛있어요.
- 반죽은 차게 식기 전에 짤주머니에 담고 짜야 모양이 잘 잡힌답니다.

Ingredients

15개 분량

반죽 재료
버터(4=60g), 설탕(2), 소금(0.1), 박력분(1¼컵), 달걀(2개)

계피설탕
설탕(1컵)+계핏가루(0.3)

▶자세한 요리과정은 영상에서 확인하세요

Recipe

1 냄비에 물(1컵), 버터(4), 설탕(2), 소금(0.1)을 넣고 버터가 녹을 때까지 중간 불에서 끓이고,

2 약한 불로 줄이고 박력분을 넣어 고무주걱으로 한 덩어리가 되게 아래에서 위로 저으며 살살 섞고,

살짝 식은 반죽에 달걀을 넣어야 달걀이 익지 않고 고루 섞여요.

3 불에서 내린 뒤 곱게 푼 달걀을 2~3번에 나눠 넣어가며 고루 섞고,

4 짤주머니에 별깍지를 끼워 반죽을 담고,

5 종이포일 위에 7cm 길이의 U자 모양으로 반죽을 짜고,

젓가락을 넣어 2~3초 뒤 기포가 올라오면 적당한 온도예요.

모양이 망가지지 않도록 종이포일째 넣어요. 반죽에서 떨어진 종이포일은 건져내요.

6 170℃로 예열한 식용유(3컵)에 반죽을 넣어 노릇하게 튀겨 기름기를 충분히 뺀 뒤 **계피설탕**을 고루 묻혀 마무리.

▶ #집에서도 이게 가능해?

티라미수아이스크림

- 부드러운 치즈크림을 만들고 재료를 차곡차곡 컵에 담아 완성!
- 섞지 않고 우아하게 살살 떠먹는 게 포인트예요.
- 한입 먹으면 달콤하고 고소한 맛이 시원하게 퍼져요.
- 커피, 치즈크림, 아이스크림, 과자가 촉촉하게 어우러져 진한 감동의 맛을 전합니다.

▶ Ingredients

2인분

필수 재료
인스턴트 커피가루(1), 통밀과자(5개), 마스카포네치즈(1컵=180g), 설탕(3), 생크림(1컵), 우유아이스크림(1컵), 코코아파우더(4)

- Tip 마스카포네치즈는 발효 과정을 거치지 않아 부드럽고 치즈 특유의 시큼함이 없답니다. 대신 크림치즈를 사용해도 좋아요.
- Tip 우유아이스크림 대신 바닐라맛 아이스크림을 사용해도 좋아요.
- Tip 코코아파우더는 대형마트나 제과제빵 재료상에서 구매할 수 있어요.

Recipe ◀

1 커피가루(1)에 뜨거운 물($\frac{1}{4}$컵)을 섞은 뒤 차게 식히고, 통밀과자는 잘게 부수고,

2 마스카포네치즈는 전자레인지에 1분간 돌린 뒤 설탕(1)을 넣고 섞어 부드럽게 만들고,

3 생크림에 설탕(2)을 섞어 단단하게 거품을 낸 뒤 마스카포네치즈와 섞어 치즈크림을 만들고,

4 컵에 치즈크림($\frac{1}{4}$ 분량) → 아이스크림($\frac{1}{2}$컵) → 부순 과자(2)를 담고,

코코아파우더는 고운체로 쳐서 뿌리면 덩어리지지 않아요.

코코아파우더 위에 초콜릿을 부숴 얹어도 좋아요.

5 커피(3) → 코코아파우더(1)를 뿌린 뒤 치즈크림($\frac{1}{4}$ 분량)을 얹고,

6 코코아파우더(1)를 고루 뿌려 마무리.

 #선물용으로도 딱!

초코아몬드쿠키

- 오븐 쓰는 김에 베이킹도 한번 해보셔야죠?
- 진한 초콜릿 풍미에 고소하게 씹히는 아몬드가 별미인 쿠키예요.
- 반죽은 넉넉하게 만들어 냉동실에 넣어두고 그때그때 구워 먹어도 좋답니다.
- 아몬드 대신 다른 견과류나 말린 과일을 섞으면 또 다른 맛이 나요.

▶ Ingredients

약 30개 분량

필수 재료
버터(⅔컵=100g), 설탕(½컵=75g), 소금(0.3), 우유(3), 코코아가루(1.5=15g), 박력분(1½컵=165g), 아몬드 슬라이스(1컵=80g)

Tip 버터와 우유는 사용 30분 전 실온에 꺼내 두세요.

▶자세한 요리과정은 영상에서 확인하세요

Recipe ◀

1 볼에 버터를 넣고 거품기로 저어 덩어리를 푼 뒤 설탕과 소금을 넣어 섞고,

2 크림처럼 부드러워지면 우유(3)를 넣고 한 번 더 섞고,

주걱을 세워서 # 모양으로 자르듯이 재빠르게 섞어요. 너무 오래 저으면 쿠키가 딱딱해지고 아몬드가 부서지니 조심하세요.

미리 만들어 냉동실에 보관해 두고 필요할 때 꺼내서 구워도 좋아요.

3 체 친 코코아가루, 박력분을 넣고 마른 가루가 거의 없도록 섞은 뒤 아몬드 슬라이스를 넣어 조금 더 섞고,

4 큰 비닐팩에 반죽을 넣고 한 덩어리로 길쭉하게 모양을 잡은 뒤 밀봉해 냉동실에서 1시간 이상 두어 단단하게 굳히고,

5 냉동실에서 꺼낸 반죽은 10분 정도 실온에 두었다가 0.5cm 두께로 썰어 오븐팬에 2cm 간격으로 올리고,

6 180℃로 예열한 오븐에서 13분 정도 구워 꺼낸 뒤 식혀 마무리.

Tip 갓 구운 쿠키는 한 김 식혀야 부서지지 않고 바삭해요.

▶ #노오븐, 초간단 밥솥 컵케이크

브라우니

👍　👎　↗　⬇　≡+

🔴 반죽은 핫케이크가루가, 조리는 밥솥이 담당했어요.

🔵 진한 초콜릿 풍미에 촉촉함이 남달라 목 막힐 걱정이 없고요.

🟤 마블 모양을 내서 비주얼까지 고급져요.

🔴 호두를 다져 넣어도 잘 어울리고 하루 정도 밀봉했다 먹으면 더 촉촉하답니다.

▶ Ingredients

6인분

필수 재료
다크커버처초콜릿(200g), 우유($\frac{1}{2}$컵), 달걀(1개), 핫케이크가루(1$\frac{1}{2}$컵)

Recipe ◀

1 다크커버처초콜릿은 중탕으로 녹이고,

2 미지근한 우유($\frac{1}{2}$컵)에 달걀(1개)을 섞고 핫케이크가루(1$\frac{1}{2}$컵)를 넣어 마른 가루가 보이지 않을 때까지 살살 섞고,

3 반죽을 $\frac{1}{3}$ 정도 덜어낸 뒤 녹인 초콜릿을 섞어 초콜릿 반죽을 만들고,

4 밥통 바닥과 옆면에 식용유(2)를 골고루 발라 초콜릿 반죽을 붓고,

5 남겨둔 반죽($\frac{1}{3}$ 분량)을 드문드문 붓고 꼬치나 젓가락으로 지그재그로 긁어 마블 모양을 만들고,

먹기 좋은 크기로 잘라요.

6 백미취사 기능으로 익혀 마무리.

 #맛있게 먹어도 160kcal

바나나팬케이크

- 저칼로리, 저탄수화물 팬케이크예요.
- 바나나를 듬뿍 넣어 밀가루 양을 확 줄였고요.
- 버터와 설탕도 넣지 않았답니다.
- 담백한 맛 틈새로 은은하게 퍼지는 바나나 향! 달달함은 시럽 대신 과일로 보충하세요.

▶ Ingredients

필수 재료
바나나(3개), 달걀(2개), 통밀가루(½컵)

선택 재료
베이킹 파우더(0.1), 아보카도유(약간), 딸기(3개), 블루베리(10알)
Tip 올리브유를 사용해도 OK!

2~3인분

Recipe ◀

1 바나나(2개)는 포크로 으깬 뒤 달걀(2개)을 섞고,

2 통밀가루(½컵)와 베이킹파우더(0.1)를 넣어 한 번 더 고루 섞고,
Tip 베이킹파우더는 생략 가능!

3 중약 불로 달군 팬에 아보카도유(약간)를 두른 뒤 반죽을 한 국자 얹어 둥글게 펴고,

4 밑면이 노릇해지면 뒤집어 조금 더 구워 꺼내고,

5 바나나(1개)는 납작 썰고, 딸기는 꼭지를 떼 2~4등분하고,

계핏가루나 코코아파우더를 살짝 뿌려도 OK!

6 접시에 팬케이크를 담고 과일로 장식해 마무리.

#노오븐! 새콤달콤한
복숭아치즈케이크

- 치즈케이크의 진한 풍미에 제철과일의 신선함을 더해보세요.
- 천도복숭아와 요거트로 새콤한 맛을 끌어올렸답니다.
- 젤라틴을 섞은 치즈필링의 탱탱한 식감이 참 매력적이에요.
- 청포도, 블루베리 등 좋아하는 과일로 예쁘게 장식해보세요.

▶ Ingredients

필수 재료
카스텔라(15×8×2cm), 천도복숭아(2개)

치즈필링 재료
판젤라틴(3장), 크림치즈(1컵), 설탕(2), 생크림(⅙컵), 플레인 요거트(1팩=85g)

2~3인분

▶자세한 요리과정은 영상에서 확인하세요

Recipe

1 카스텔라는 진한 색의 윗면을 제거해 두께를 2등분해 무스틀에 맞춰 깔고,

2 판젤라틴은 찬물에 10분간 담가 불린 뒤 건져내 가볍게 물기를 짜서 전자레인지에 10초간 돌리고,

3 크림치즈에 설탕(2)을 넣어 거품기로 부드럽게 푼 뒤 나머지 **치즈필링 재료**를 넣어 섞고,

4 무스틀에 부어 냉장실에서 2~3시간 정도 굳히고,

5 따뜻한 물로 적신 행주로 틀 옆면을 문질러 무스틀을 떼어내고,

6 천도복숭아를 납작하게 잘라서 윗면에 얹어 마무리.

▶ #빼빼로의 깜찍한 변신

빼빼로케이크

👍　👎　↗　⬇　≡+

 빼빼로데이가 지나면 바로 빼빼로에 흥미를 잃는 아이들에게
 남은 빼빼로의 화려한 변신을 보여주세요.
 롤케이크만 있다면 깜찍한 미니케이크가 5분 만에 완성!

▶ **Ingredients**

2인분

필수 재료
빼빼로(3봉지=30개), 롤케이크($\frac{1}{3}$개=7cm), 생크림($\frac{1}{4}$컵), 초콜릿(1컵), 피스타치오($\frac{1}{4}$컵)

선택 재료
플레인 요구르트(5)

Recipe ◀

1 빼빼로는 반으로 자르고,

2 롤케이크는 3조각으로 자르고, 피스타치오는 굵게 다지고,

3 생크림($\frac{1}{4}$컵)은 전자레인지에 10초간 돌려 데운 뒤 초콜릿(1컵)을 넣고 저어 녹이고,

4 롤케이크 사이에 플레인 요구르트를 발라 3단 케이크시트를 만들고,

높이감이 있는 트레이로 옮겨 빼빼로를 붙이면 더 깔끔하고 편해요.

5 녹인 초콜릿을 고루 펴바른 뒤 빼빼로를 돌려가며 붙이고,

6 다진 피스타치오를 뿌려 장식해 마무리.

▶ #스웨덴에서 온 단짠

감자팬케이크

- 이름도 어려운 '라그뭉크'는 스웨덴식 감자팬케이크를 말해요.
- 강판에 간 감자와 채 썬 감자를 섞어 얇고 바삭하게 부치는 게 포인트!
- 케첩 대신 달달한 잼을 곁들이면 진리의 단짠 조합이 완성된답니다.
- 노릇하게 구운 베이컨까지 곁들이면 근사한 브런치로도 손색이 없어요.

▶ Ingredients

2인분

필수 재료
감자(중간 크기 2개), 달걀(1개), 밀가루(4)

바삭한 식감을 살리고 싶다면 과자용 밀가루인 박력분을 사용하세요.

선택 재료
버터(1), 베이컨(3줄), 덩어리 파르메산 치즈(적당량), 파슬리가루(적당량), 과일잼(적당량)

양념
소금(0.3)

▶자세한 요리과정은 영상에서 확인하세요

Recipe ◀

씹는 맛을 위해 채 썬 감자를 섞었어요.

1 감자는 껍질을 벗겨 1개는 갈고, 1개는 곱게 채 썰고,

반죽의 농도는 숟가락으로 떨어뜨렸을 때 뚝뚝 떨어질 정도! 너무 되직하면 물이나 우유로 농도를 맞춰요.

2 볼에 달걀을 곱게 풀고 밀가루(4), 감자, 소금(0.3)을 섞어 반죽을 만들고,

식용유(2)에 구워도 괜찮아요.

3 중간 불로 달군 팬에 버터(1)를 녹인 뒤 반죽을 얹어 앞뒤로 4분간 노릇하게 구워 꺼내고,

4 같은 팬에 베이컨을 중간 불에서 앞뒤로 3분간 노릇하게 굽고,

블루치즈와도 잘 어울려요.

5 그릇에 감자팬케이크와 베이컨을 담고 파르메산 치즈와 파슬리가루를 뿌린 뒤 과일잼을 곁들여 마무리.

 #알뜰한 도시 여자의

파베초콜릿

- 쫀득하면서도 살살 녹아 맛은 최고급인데 만들기는 제일 쉬워요.
- 힘들게 모양내고 장식할 거 없이 살짝 울퉁불퉁한 게 더 멋스럽죠.
- 코코아파우더 대신 슈가파우더나 녹차가루를 묻혀도 좋아요.

▶ Ingredients

15cm×15cm

필수 재료
다크커버처초콜릿(200g), 생크림(⅔컵=100g), 코코아파우더(⅔컵)

🅣 카카오 버터 함유량이 30% 이상인 진한 초콜릿이에요. 대형마트나 제과제빵 재료상에서 구입할 수 있어요.

▶자세한 요리과정은 영상에서 확인하세요

Recipe ◀

1 냄비에 초콜릿과 생크림을 넣어 약한 불에서 저어가며 끓이고,

높이가 있는 접시나 반찬용기에 담아서 굳혀요.

2 틀에 종이포일을 깔고 녹인 초콜릿을 부어 윗면을 평평하게 펼쳐 냉동실에서 2~3시간 굳히고,

3 굳은 초콜릿은 틀에서 빼 한입 크기로 썰고,

4 겉에 코코아파우더를 묻혀 마무리.

203

#크리스마스 에디션

초코파운드케이크

👍 👎 ↗ ⬇ ≡+

- 파운드케이크는 버터, 설탕, 달걀이 1파운드씩 들어갔다 해서 붙여진 이름인데요.
- 만들기가 어렵지 않아 초보자도 부담 없이 따라 할 수 있어요. 속재료와 토핑에 따라 종류가 무궁무진!
- 이밥차에서는 진하고 고소한 버터 향에 초콜릿 풍미를 더했답니다.
- 베이킹 초보들을 위해 초정밀 레시피로 알려드릴게요.

▶ Ingredients

21cm 파운드틀 1개 분량

반죽 재료
버터(1컵=120g), 달걀(2개), 박력분(1컵=100g), 코코아파우더(2.5=15g), 베이킹파우더(0.3), 다크커버처초콜릿(½컵=80g), 생크림(2), 설탕(⅔컵=110g)
🅣 다크커버처는 초콜릿의 맛을 내고, 코코아파우더는 진한 색을 내줘 두 재료를 다 넣는 게 좋아요.

장식 재료
다크초콜릿커버처(1컵), 버터(1.5), 견과류(적당량), 말린 과일(적당량)

▶자세한 요리과정은 영상에서 확인하세요

Recipe ◀

▶ 미리 준비하기

작게 썰어두면 1~2시간이면 부드러워져요.

1 버터는 잘게 깍둑 썰어 말랑해질 때까지 실온에 두고,

달걀과 버터의 온도가 다르면 반죽이 분리되니 실온에 두고 온도를 맞춰요.

2 달걀도 실온에 꺼내두고,

가루 재료를 미리 섞어둬야 잘 부풀고 색이 고르게 나와요.

3 박력분, 코코아파우더, 베이킹파우더를 체에 2번 내리고,

4 파운드틀에 종이포일을 깔아 마무리.

▶ 반죽&굽기

적은 양을 녹일 때는 전자레인지가 편해요. 상태를 봐가며 시간을 조절해 완전히 녹여요.

1 볼에 다크커버처초콜릿(½컵=80g)와 생크림(2)을 넣고 전자레인지에 30초 간격으로 4번 돌려 한 김 식히고,

2 버터는 거품기로 저어 덩어리 없이 부드럽게 풀고,

많은 양의 설탕이 한꺼번에 들어가면 버터와 잘 섞이지 않아요.

설탕이 완전히 녹은 뒤 달걀을 섞어야 반죽에 갈색 점들이 생기지 않아요. 달걀은 1개씩 넣어야 반죽이 분리되지 않아요.

3 설탕을 ⅓ 분량만 넣고 설탕이 보이지 않을 때까지 한 방향으로 젓다가 나머지 설탕(⅔ 분량)을 조금씩 넣어가며 같은 방법으로 섞고,

4 손으로 만졌을 때 설탕이 서걱거리지 않을 때까지 저은 뒤 달걀을 1개씩 넣어가며 섞고,

반죽이 부푸니 틀의 ¾ 높이까지만 넣어요.

5 녹인 초콜릿과 체 친 가루를 넣고 주걱으로 가르듯이 가볍게 섞고,

Tip 반죽을 오래 치대면 글루텐이 생겨 식감이 단단해지고 제대로 부풀지 않아요. 가루가 보이지 않을 정도로만 섞어요.

6 파운드틀에 반죽을 붓고 젓가락을 틀 바닥에 닿게 꽂아 지그재그로 저어 공기를 빼고,

꼬치로 찔렀을 때 젖은 반죽이 묻어 나오지 않으면 다 익은 거예요.

가운데 부분이 가장 많이 부풀기 때문에 양쪽 끝은 높게, 가운데 부분은 움푹해지게 담아요.

7 주걱으로 반죽을 쓸어 가운데 부분이 움푹해지도록 정리하고,

8 175℃로 예열한 오븐에 30분간 굽고,

식힌 파운드케이크는 랩으로 밀봉해 냉장실에 하루 정도 두면 더 촉촉해요.

9 바로 틀에서 분리한 뒤 식힘망에 식혀 마무리.

> Tip 바로 꺼내야 찌그러지지 않아요. 종이포일은 파운드케이크가 식은 뒤 제거해도 돼요.

▶ 장식하기

버터를 넣으면 초콜릿 농도가 묽어지고 윤기가 생겨요.

1 볼에 다크커버처초콜릿(1컵)를 넣고 전자레인지에 40초 간격으로 3번 돌려 버터(1.5)와 섞고,

녹인 초콜릿 대신 슈가파우더를 뿌려 마무리해도 좋아요.

2 녹인 초콜릿을 파운드케이크 위에 자연스럽게 흐르도록 붓고,

3 초콜릿이 굳기 전에 견과류와 말린 과일을 얹어 마무리.

#맛으로는 세상 예쁜

못난이빵

- 90년대를 휩쓸었던 국진이빵! 지금 먹으니 세상에, 이렇게 맛있었나요?
- 꼭 스콘처럼 생겨서 겉은 바삭바삭, 속은 촉촉. 은은한 단맛으로 자꾸 손이 가게 하네요.
- 유통기한 임박한 빵들로 당장 만들어보세요.

▶ Ingredients

6개 분량

반죽 재료
식빵(6장), 버터(⅜컵=80g), 황설탕(6-60g), 소금(0.1), 달걀(1개)
🅣🅘🅟 냉동한 빵은 해동해서, 딱딱하게 굳은 빵은 물을 살짝 뿌려 사용하세요.

선택 재료
건포도(1½줌), 계핏가루(적당량)

실온에 30분 정도 꺼내두세요.

▶자세한 요리과정은 영상에서 확인하세요

Recipe ◀

물 대신 럼이나 브랜디 같은 술에 불리면 향이 더 좋아요.

1 식빵은 한입 크기로 썰고, 건포도는 미지근한 물(½컵)에 5분간 불린 뒤 물기를 짜고,

2 버터는 거품기로 풀어 부드러워지면 황설탕(6), 소금(0.1)을 가볍게 섞고,

3 달걀을 넣어 서걱거림이 없을 때까지 섞은 뒤 식빵과 건포도를 넣어 가볍게 섞고,

4 주먹보다 작은 크기로 꼭꼭 눌러 뭉치고,

5 180℃로 예열한 오븐에 16~17분간 구운 뒤 계핏가루를 뿌려 마무리.

▶ #빙수기 없이 만들자! 카페 st

피나콜라다빙수

- 팥빙수가 지겨울 땐 코코넛과 파인애플이 만난 상큼이 빙수는 어때요?
- 여름과 딱 어울리는 피나콜라다 칵테일이 빙수로 변신!
- 여러 빙수 다 맛봤지만 이건 이국적이면서도 색다른 맛이네요.
- 파인애플 대신 망고를 써도 맛있어요.

▶ Ingredients

2인분

필수 재료
코코넛밀크(1컵), 우유(1⅔컵), 연유(½컵), 손질된 파인애플(1컵)

선택 재료
말린 코코넛(적당량), 애플민트(적당량)

▶자세한 요리과정은 영상에서 확인하세요

Recipe ◀

1 코코넛밀크(1컵)와 우유(1⅔컵), 연유(½컵)를 섞어

2 지퍼백에 납작하게 담아 4~5시간 동안 얼리고,

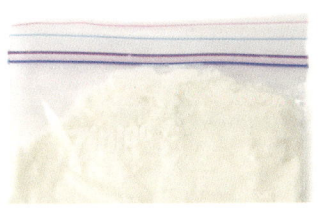
3 파인애플은 한입 크기로 썰고,

4 얼린 코코넛밀크는 밀대로 두들겨 잘게 부수고,

5 그릇에 담은 뒤 파인애플과 말린 코코넛, 애플민트를 올려 마무리.

▶ #믹스 커피로 이 정도

미숫가루커피셰이크

👍 👎 ↗ ⬇ ≡+

🔴 야심차게 구입해 놓고 찬장 신세인 미숫가루.
🟣 요게 카페에선 인기거든요~
🟠 커피와 만나면 고소한 버전의 돌체라테로 탄생!

▶ Ingredients

1인분

필수 재료
믹스 커피(1봉), 얼음(2컵), 우유(1컵), 미숫가루(4), 연유(2+약간)

▶자세한 요리과정은
영상에서 확인하세요

Recipe ◀

1 믹스 커피는 뜨거운 물(⅓컵)로 녹이고,
  Tip 단맛을 줄여 깔끔하게 먹고 싶다면 블랙 커피를 사용해요.

더 걸쭉한 농도를 원한다면 미숫가루 양을 늘려요.

2 믹서에 얼음(1컵), 우유(1컵), 믹스 커피(⅓컵), 미숫가루(4), 연유(2)를 넣어 고루 섞일 정도로 갈고,

3 컵에 얼음(1컵)을 채운 뒤 갈아둔 음료를 붓고,

맛을 보고 취향껏 뿌려요.

4 연유(약간)를 뿌려 마무리.

#재밌는 놀이

마시멜로 루돌프

- 귀여운 루돌프가 우리 집에 찾아왔어요.
- 얼핏 보면 그냥 초콜릿, 속은 쫀득한 마시멜로가 숨어 있어요.
- 똘망똘망한 눈과 과자로 만든 뿔, 포인트인 빨간 코까지, 완벽재현!

▶ Ingredients

5개 분량

필수 재료
마시멜로(5개), 프레첼(5개), 코팅용 다크초콜릿(1컵), 빨간색 초코볼(5개), 화이트 초코펜(적당량), 다크 초코펜(적당량)

초코펜은 천원숍에서도 구입할 수 있어요. 따뜻한 물에 담가 초콜릿을 녹여 사용해요.

▶ 자세한 요리과정은 영상에서 확인하세요

Recipe ◀

1 마시멜로를 꼬치에 꽂고, 프레첼은 반으로 자르고,

2 볼에 초콜릿을 넣고 중탕해 녹이고,

3 마시멜로에 초콜릿을 고루 묻혀 겉면을 완전히 코팅하고,

4 초콜릿이 굳으면 프레첼을 마시멜로 양쪽 위에 꽂아 뿔을 만들고,

녹인 초콜렛을 초코볼에 살짝 바르면 잘 붙어요.

5 빨간색 초코볼을 붙여 코를 만들고 화이트 초코펜으로 눈을 그려 마무리.

Youtube

PART 4
숨겨왔던 너의 비밀
맛집 표절

▶ #지코바 아니고 집코바

매운양념치킨

- 🔴 치밥계의 조상 격인 '지코바'를 재현했어요.
- 🟣 닭고기를 담백하게 구워 매콤한 소스에 셰킷셰킷! 손에 좀 묻더라도 들고 뜯어야 제맛이에요.
- 🟣 높은 싱크로율의 비밀은 바로 짜장가루인데요.
- 🔴 양념이 진짜니깐 밥 들어갈 배는 꼭 남겨두세요.

▶ Ingredients

4인분

필수 재료
닭(볶음탕용 1마리=1.2kg), 가래떡(2줌)
> Tip 가래떡 대신 떡볶이떡을 사용해도 좋아요.

밑간
소금(0.3), 청주(2), 맛술(1), 간장(2), 생강즙(0.3), 다진 마늘(1), 후춧가루(약간)

소스
송송 썬 청양고추(2개)+짜장가루(2.5)+간장(3)+ 다진 마늘(1)+고추장(2)+물엿(6)+케첩(3)+ 고추기름(2)+참기름(1)+후춧가루(약간)

양념
참깨(0.5)

▶ 자세한 요리과정은 영상에서 확인하세요

Recipe ◀

1 토막 낸 닭은 깨끗이 씻어 2~3번씩 깊게 칼집을 넣은 뒤 20분간 **밑간**하고,

2 가래떡은 먹기 좋은 길이로 썰고,

3 180℃로 예열한 오븐에 밑간한 닭을 20분간 굽고,

4 가래떡을 올려 10분 더 구운 뒤 닭이 익으면 꺼내고,
> Tip 닭고기의 익은 정도를 확인해가며 굽는 시간을 조절해요.

5 팬에 **소스**를 넣어 중간 불로 2분간 바글바글 끓이고,

6 구운 닭과 떡을 넣고 고루 버무린 뒤 참깨(0.5)를 뿌려 마무리.

#큰 양푼에 팍팍! 매콤새콤

칼비빔

- 여의도 넥타이부대 줄 세우는 문래동 맛집의 인기메뉴예요.
- 겉절이 하듯 큰 양푼에 양념과 면을 넣고 즉석에서 팍팍 무쳐줘요.
- 멸치육수로 삶은 탱글탱글한 칼국수면에 양념이 쏙 배어 감칠맛이 폭발!
- 고소한 냄새가 진동하도록 참깨를 듬뿍 올려 맛보세요.

▶ Ingredients

2인분

필수 재료
상추(1줌), 오이(½개), 김치(1컵), 멸치육수(5컵), 칼국수면(2인분=300g)

국물용 멸치(10마리)를 물(5½컵)에 15분간 끓이고 체에 걸러 준비해요.

선택 재료
얼음(적당량)

새콤한 맛이 나는 익은 김치로 준비해요.

양념장
설탕(2)+고춧가루(2)+김치 국물(4)+간장(0.5)+고추장(1.5)+참기름(1)

양념
참깨(1)

▶자세한 요리과정은 영상에서 확인하세요

Recipe ◀

오이는 얇게 썰어야 양념이 잘 배요.

1 상추는 큼직하게 썰고, 오이는 길게 2등분한 뒤 어슷하게 납작 썰고, 김치는 작게 썰고,

2 큰 볼에 **양념장**과 오이, 김치를 무치고,

면을 삶자마자 얼음물에 넣어 탱글탱글!

3 냄비에 멸치육수(5컵)를 부어 끓어오르면 칼국수면을 넣고 6분간 삶은 뒤 건져 얼음물에 헹구고,

면에 물기가 남아 있어야 촉촉해요.

4 면을 건져 볼에 넣고 양념장에 버무리고,

5 면을 그릇에 옮겨 담고, 남은 양념에 상추를 가볍게 무쳐 얹은 뒤 얼음을 넣고 참깨(1)를 넉넉히 뿌려 마무리.

#고기 사이로 치즈가 뿜뿜

치즈돈가스

👍 👎 ↗ ⬇ ☰+

- 할라피뇨잼과 함께라면 돈가스도 느끼해질 틈이 없어요.
- 알싸하게 맵고 새콤달콤해 고기와 찰떡궁합!
- 돈가스도 깻잎까지 곁들여 손수 튀겼어요.
- 편하게 냉동 시판을 써도 좋아요~

▶ Ingredients

2인분

필수 재료
돼지고기 안심(2장=340g), 깻잎(4장), 스트링 치즈(3개), 밀가루(⅓컵), 달걀물(2개 분량), 빵가루(1컵)

밑간
소금(약간), 후춧가루(약간), 맛술(0.3)

할라피뇨잼 재료
할라피뇨(1컵), 설탕(⅔컵), 할라피뇨 국물(5), 레몬즙(2)

🅣🅘🅟 할라피뇨와 설탕 비율을 2:1로 맞춰 넉넉히 만들어도 좋아요.

자세한 요리과정은 영상에서 확인하세요

Recipe ◀

1 돼지고기는 칼등으로 두들겨 얇게 편 뒤 **밑간**하고,

2 돼지고기(1장)에 깻잎(2장)과 스트링 치즈(1.5개)를 얹어 돌돌 말고,

3 밀가루 → 달걀물 → 빵가루 순으로 고루 묻히고,

나무젓가락을 넣어 기포가 2~3초 뒤 올라오면 적당한 온도예요.

4 170°C로 달군 식용유(4컵)에 노릇하게 튀긴 뒤 키친타월에 올려 기름기를 제거하고,

너무 매우면 설탕(1~2)을 더 넣어주세요.

5 **할라피뇨잼 재료**를 믹서로 간 뒤 센 불로 달군 냄비에 부어 끓어오르면 약한 불로 줄여 10~15분간 저어가며 졸이고,

6 돈가스를 한입 크기로 썰어 그릇에 담고 할라피뇨잼을 곁들여 마무리.

▶ #교촌치킨 똑같이 만들기

교촌치킨

- 달콤한 교촌 양념 좋아하는 분들 많죠?
- 완벽하게 같진 않지만 풍미가 제법 비슷한 데다 직접 만드니 배달비까지 세이브~
- 콜라겐 듬뿍 든 날개는 쫄깃하게 뜯기 좋아요.
- 손가락 쪽쪽 빨아 먹으면 기가 막힙니다.

▶ Ingredients

2인분

필수 재료
닭 날개(300g=약 12~15개), 튀김가루(3), 전분(2)

선택 재료
청·홍고추(1개씩), 참기름(0.5)

밑간
소금(0.2), 청주(1), 간장(1), 후춧가루(약간)

조림장
흑설탕(2.5)+청주(2)+생강즙(0.3)+간장(3)+후춧가루(약간)+물엿(1)+다진 마늘(1)+굴소스(0.7)

🅣 매콤한 맛을 원한다면 건고추나 태국고추를 조림장에 넣어요.

▶ 자세한 요리과정은 영상에서 확인하세요

Recipe ◀

칼집 사이로 양념이 쏙~

1 닭 날개는 깨끗이 씻은 뒤 어슷하게 칼집을 3번 넣어 **밑간**에 버무리고,

2 튀김가루(3)와 전분(2)을 섞어 날개에 꼼꼼하게 묻히고,

3 170℃로 예열한 식용유(3컵)에 넣어 옅은 갈색이 나면 건져 기름기를 빼고, 식용유를 190℃로 달궈 한 번 더 바삭하게 튀겨 건지고,

4 고추는 송송 썰고,

5 **조림장**을 팬에 붓고 중간 불에 올려 2분간 바글바글 끓이고,

바삭함이 죽지 않게 센 불에서 재빨리!

6 튀긴 닭날개와 고추를 넣고 센 불에서 재빨리 버무린 뒤 소스가 고루 묻으면 참기름(0.5)을 섞어 마무리.

#연트럴파크 맛집 따라잡기

온쫄면

- 쫄면을 뜨거운 육수에 담그니 은은한 단맛도 돌고 구수하니 매력 있네요.
- 처음엔 탱글탱글, 살짝 불면 부드러워져 호로록 먹기 좋아요.
- 맛집의 생쫄면 대신 이밥차가 꺼내든 비법 재료는 식초!
- 잡내도 제거되고 면발이 한결 더 탱탱해진답니다.

▶ Ingredients

2인분

필수 재료
유부(3장), 쑥갓(½줌), 달걀(2개), 쫄면(2인분=400g)

마트 냉동코너에 있는 조미되지 않은 유부를 구매했어요.

육수 재료
다시마(1장=10×10cm), 국물용 멸치(15마리), 무(½토막)

양념
식초(1), 국간장(2)

양념장
설탕(0.5)+고춧가루(2)+멸치액젓(1)

▶자세한 요리과정은 영상에서 확인하세요

Recipe ◀

맛집처럼 육수를 진하게 우렸어요.

1 냄비에 물(5컵)과 **육수 재료**를 넣어 끓어오르면 다시마를 건진 뒤 15분간 더 끓이고,

2 유부는 3등분하고, 쑥갓은 굵은 줄기를 제거하고, 달걀은 거칠게 풀고,

3 쫄면은 가닥가닥 뜯어 끓는 물(5컵)에 식초(1)를 넣어 3분간 삶아 건지고,

4 육수는 건더기를 건진 뒤 국간장(2)을 넣어 중간 불로 끓이고,

유부 대신 어묵을 넣어도 좋아요.

5 육수가 끓어오르면 달걀물을 살살 부은 뒤 유부를 넣어 불을 끄고,

6 그릇에 면을 담고 육수를 부은 뒤 쑥갓과 **양념장**을 얹어 마무리.

▶ #밥블레스유에서 난리 난

크림볶음밥

👍 👎 ↗ ⬇ ☰+

🔴 술자리가 끝났는데도 뭔가 모자랄 때.
🔵 편안하게 속을 채워줄 마무리 볶음밥이에요.
⚪ 남은 고기가 아깝다면 여기에 넣어주세요.
🔴 크림리소토처럼 고소하고 부드럽다가 청양고추가 느끼함을 싹 데려가요.

▶ Ingredients

2인분

필수 재료
대파(10cm), 양파(⅓개), 청양고추(2개), 다진 쇠고기(100g), 밥(2공기), 생크림(½컵), 우유(⅔컵), 피자치즈(1컵)

밑간
설탕(1.5), 간장(2.5), 다진 마늘(1), 다진 생강(0.3), 참기름(1), 맛술(1), 후춧가루(약간)

양념
소금(약간), 후춧가루(약간)

Recipe ◀

1 대파는 송송 썰고,
   양파와 청양고추는 잘게 다지고,

2 쇠고기는 **밑간**에 버무리고,

3 중간 불로 달군 팬에 식용유(2)를 두른 뒤
   대파와 양파를 넣고 3분간 볶고,

4 밑간한 쇠고기를 넣고 볶아 핏물이
   사라지면 청양고추를 넣어 살짝 더 볶아
   매운 향이 올라오면 밥을 고루 섞고,

5 생크림과 우유를 붓고 눌어붙지 않게
   저어가며 3분간 볶다가 소금(약간),
   후춧가루(약간)를 넣어 간을 하고,

6 고르게 밥을 펴고 피자치즈를 올려
   뚜껑을 덮은 뒤 중약 불에서 4분간
   치즈가 녹을 때까지 두어 마무리.

▶ #대구 명물 납시오

납작만두

👍 👎 ↗ ⬇ ☰+

 40여 년 전 대구에서 시작되어 유명해진 납작만두는 한 번 삶은 뒤 구워 쫀득하고 고소한 만두피가 생명이죠.
속 재료도 간편하게 만들수 있고, 식성에 따라 양념장을 뿌려 먹는 재미도 있어요.

▶ Ingredients

2인분 20개 분량

필수 재료
당면(40g), 부추(5줄기), 대파(7cm), 만두피(20장)

소 양념
소금(0.2)+식용유(0.7)+후춧가루(약간)

양념
고춧가루(0.3), 간장(0.7), 식초(0.5)

▶ 자세한 요리과정은 영상에서 확인하세요

Recipe ◀

당면은 미지근한 물에 30분 정도 불려요.

1 당면은 불려 끓는 물에 삶은 뒤 잘게 잘라 **소 양념**에 버무리고, 부추는 작게 썰고, 대파는 송송 썰고,

2 양념한 당면에 부추를 넣어 소를 만들고,

3 만두피에 소를 넣어 납작하게 눌러 빚고,

만두피가 투명해지면 건져요.

4 끓는 물에 만두를 삶아 건지고,

5 센 불로 달군 팬에 식용유(0.5)를 둘러 삶은 만두를 앞뒤로 굽고,

취향에 따라 대파 대신 청양고추를 뿌려도 좋아요.

6 그릇에 담고 **양념**과 송송 썬 대파를 뿌려 마무리.

▶ #신의 한 수, 무말랭이 무침

삼겹살김밥

- 삼겹살을 넣어 김밥을 싸면? '덕후' 같은 조합이지만 맛 하나는 기가 막혀요.
- 무말랭이 무침을 야무지게 더하면 캐릭터 있는 일품요리가 탄생하죠.
- 고소하지만 느끼할 수 있는 삼겹살의 끝맛을 매콤한 무말랭이가 싹 잡아 깔끔한 한 끼로 손색없어요.
- 취향에 따라 오이지나 짠지 무침을 넣어도 좋아요.

▶ **Ingredients**

2줄 분량

필수 재료
무말랭이(1컵=80g), 소주(⅔컵), 풋고추(2개), 밥(1공기), 삼겹살(2줄=200g), 김(2장), 상추(4장), 쌈장(2)

양념장 재료
설탕(3), 찹쌀가루(1.5), 간장(½컵), 양파즙(⅓컵), 고춧가루(⅓컵), 생강즙(2), 다진 마늘(3), 참깨(3), 참기름(2.5)

밑간
소금(0.5), 참기름(0.5), 참깨(0.5)

▶ 자세한 요리과정은 영상에서 확인하세요

Recipe ◀

1 무말랭이는 깨끗이 비벼가며 씻은 뒤 물(4컵)과 소주(⅔컵)를 넣고 15분간 불려 물기를 꽉 짜고,
🅣 무말랭이를 불릴 때 소주나 다진 생강을 넣으면 쿰쿰한 냄새를 잡아줘요.

2 팬에 설탕(3)과 찹쌀가루(1.5), 간장(½컵), 양파즙을 넣어 걸쭉해질 때까지 센 불에 2분간 끓인 뒤 남은 **양념장 재료**를 넣어 고루 섞고,

3 무말랭이에 한 김 식힌 양념장을 넣어 버무리고,

4 풋고추는 길게 2등분하고, 밥은 **밑간**하고,

5 센 불로 달군 팬에 삼겹살을 넣어 3분간 앞뒤로 노릇하게 굽고,

6 김발 위에 김을 깐 뒤 밥 → 상추 → 구운 삼겹살 → 풋고추 → 무말랭이 무침 → 쌈장 순으로 올리고,

속재료 특성상 잘 말리지 않기 때문에 꾹꾹 눌러 세게 말아주세요.

7 김발을 동그랗게 말아 2cm 두께로 썰어 마무리.

Index

ㄱ

가지올리브유절임 · 58

간단산적 · 22

간장국수 · 144

간장닭불고기 · 104

간장연어장 · 124

감자맛탕 · 106

감자팬케이크 · 200

고구마치즈스틱 · 92

고깃집 된장찌개 · 24

과카몰리와 피코데가요 · 88

교촌치킨 · 224

국물닭갈비 · 42

김치치즈프라이즈 · 100

ㄴ

나폴리탄스파게티 · 158

납작만두 · 230

ㄷ

닭다리간장조림 · 150

대패나리밥(대패삼겹살미나리덮밥) · 114

대패삼겹살볶음덮밥 · 60

도넛김치전 · 146

된장고추장시금치나물 · 142

두부김치그라탱 · 98

ㄸ

딸기스쿼시 · 179

딸기청 · 178

ㄹ

라멘사라다 · 140

라면리소토 · 148

리얼딸기우유 · 179

리얼수박바 · 180

ㅁ

마른새우아몬드볶음 · 108

마시멜로루돌프 · 214

만두그라탱 · 120

매운양념치킨 · 218

매콤바지락파스타 · 166

머쉬룸갈릭 · 118

멘보샤 · 74

명란크림우동 · 162

못난이빵 · 208

무설탕떡볶이 · 126

미숫가루커피셰이크 · 212

ㅂ

바나나깍두기 · 130

바나나팬케이크 · 194

바닐라컵케이크 · 46

반미 · 44

백숙 · 170

복숭아치즈케이크 · 196

봄나물눈꽃튀김 · 136

봉골레수제비 · 64

부대볶음 · 110

북어고추장장아찌 · 34

분보싸오 · 94

브라우니 · 192

브라우니컵케이크 · 50

ㅃ

빼빼로케이크 · 198

ㅅ

삼겹살김밥 · 232

삼겹살튀김샐러드 · 54

삼계탕 · 160

삼빔면 · 174

새우젓알리오올리오 · 76

새우크림리소토 · 112

소보로비빔우동 · 138

소시지강정 · 68

순대튀김 · 80

스양밥(스팸양파밥) · 28

신전치즈김밥 · 26

ㅆ

쏘야볶음라면 · 90

ㅇ

아보버거 · 128

양배추둥지밥 · 40

어묵라자냐 · 32

에그인뽀빠이 · 156

연어볼초밥 · 37

오로시돈가스 · 168

오징어굴소스볶음 · 152

옥수수치즈전 · 30

온쫄면 · 226

와사비비빔밥 · 82

우무콩국 · 96

ㅈ

자바칩커피프라페 · 182

저수분수육과 무생채 · 84

절편로제떡볶이 · 62

ㅊ

참치오므라이스 · 172

채소컵케이크 · 48

초코아몬드쿠키 · 190

초코파운드케이크 · 204

츄러스 · 186

치즈돈가스 · 222

치즈콘닭 · 66

ㅋ

칼비빔 · 220

케일쌈밥과 호두쌈장 · 56

콘맛살달걀구이 · 154

콘튀김 · 86

콩불 · 134

쿠지라이식라면 · 38

크림볶음밥 · 228

크림카레우동 · 78

ㅌ

토끼샌드위치 · 70

통감자매콤닭조림 · 52

티라미수아이스크림 · 188

ㅍ

파베초콜릿 · 202

파인애플구이 · 132

파프리카잡채 · 102

포켓샌드위치 · 36

프렌치어니언스프 · 122

피나콜라다빙수 · 210

ㅎ

핫초코스틱(아몬드초코쿠키) · 184

햄카츠 · 116

허니윙 · 164

그리고 책 이 만드는 맛있는 이야기!
andbooks

요리 초보부터 고수까지 누구나 만족할 수 있는 쉽고 맛있는 그리고책의 요리 책!
유명 셰프의 1:1 코칭처럼 친절하고 자세한 레시피와 알짜배기 팁이 가득해요.
시간이 흘러도 가치를 인정받는 명품처럼 그리고책의 황금 같은 레시피를 만나보세요!

> **"이밥차 요리연구소의 트렌디한 요리 책!
> 믿고 보는 이밥차만의 맛있는 요리 이야기!"**

> **"대한민국 최장수 대표 요리 프로그램을 책으로!
> <EBS 최고의 요리비결> 시리즈"**

> **"자타공인 대한민국 대표 요리연구가
> 정미경의 <청담동 단골> 시리즈!"**

청담동 정 선생의 맛 보장 레시피로 식탁을 채워보세요!

국내 최초! 밥숟가락으로 만드는 대한민국 1등 요리 잡지

이밥차의 밥숟가락 계량법으로
맛있는 요리 세계를 떠나보세요.

매달 10만 명이 받아보는 월간 이밥차를 만나보세요.
들어보지도 못한 생소한 식재료나 복잡한 계량스푼은 필요 없어요.
싱싱한 제철 재료를 활용한 수많은 레시피로 저녁 메뉴 걱정도 끝!
친절하고 검증된 레시피로 누구나 따라하면 맛있는 요리가 완성돼요!

정기구독 신청
홈페이지 www.2bob.co.kr 전화 02-717-5486